KB218106

뉴노멀생사학교육총서

2

자살예방과
생명존중

이정은 · 유지영 지음

박문사

뉴노멀생사학교육총서 **2**

자살예방과 생명존중

초판인쇄 2024년 11월 28일
초판발행 2024년 12월 05일

지 은 이 이정은 · 유지영
발 행 인 윤석현
책임편집 최인노
발 행 처 도서출판 박문사
등록번호 제2009-11호
우편주소 서울시 도봉구 우이천로 353
대표전화 (02) 992-3253
전   송 (02) 991-1285
전자우편 bakmunsa@daum.net

ⓒ 이정은 · 유지영, 2024.

ISBN 979-11-92365-77-0   (04200)   **정가** 10,000원

* 저자 및 출판사의 허락 없이 이 책의 일부 또는 전부를 무단복제 · 전재 · 발췌할 수 없습니다.
* 잘못된 책은 교환해 드립니다.

자살예방과
생명존중

자살은 스스로 자신을 죽음에 이르게 하는 치명적인 행동으로, 정신 보건(Mental Health)의 가장 중요한 과제로 인식되고 있다. 개인의 자살은 개인적인 행위를 넘어 사회에 큰 충격을 주는 사회적 사실이다. 우리나라 자살률은 다른 선진국에 비해 월등히 높으며, 자살예방을 위한 정부의 노력에도 불구하고 여전히 높은 수준을 유지하고 있다. 생명의 존엄성이 강조되는 사회 분위기 속에서 생명의 존엄성에 위해(危害)를 가하는 자살에 대해 정확하게 이해하고, 자살을 예방하기 위한 노력이 그 어느 때보다도 필요하다.

머리말

인간은 존재한다는 그 자체만으로 인류에게 도움이 되는
것이다. 자살은 인간의 비행이다.
-장 자크 루소-

자살은 스스로 자신을 죽음에 이르게 하는 치명적인 행동으
로, 정신보건의 가장 중요한 과제로 인식되고 있다. 개인의 자
살은 개인적인 행위를 넘어 사회에 큰 충격을 주는 사회적 사
실이다.

자살은 자살생각(suicidal ideation), 자살계획(suicidal plan),
자살시도(suicidal attempt), 자살사망(suicidal completion)의
네 가지 차원의 연속적인 개념으로 정의할 수 있다. 그러나 모
든 자살이 반드시 이 단계들을 순차적으로 거치는 것은 아니
며, 자살생각만으로 그치거나 자살계획 없이 자살을 시도할
수도 있다(Kessler et al., 2005).

자살은 다양한 사회문화적 요인, 정신질환의 병력, 특정 성

격 특성, 생물학적 요인, 외상적 사건 등의 복합적인 상호작용에 의해 촉발되는 행위이다(Pivac et al., 2010). 선행연구에서 밝혀진 자살의 위험요인으로는 우울증, 정신증, 남성, 노령, 알코올중독, 물질의존, 사회적 고립, 성격장애 등이 있으며, 이러한 요인들은 자살 위험성을 평가하고 예측하는 데 활용되고 있다(Canapary, Bongar, & Cleary, 2002).

한편, 자살의 심리적 과정을 살펴본 최근 연구에서는 자살과 관련된 가장 중요한 심리적 특성으로 무망감, 심리적 고통, 신체적 통증, 충동성에 주목하고 있다. 삶에 희망이 없다고 느끼는 무망감과 심리적 고통은 우울보다 자살을 더 잘 예측하는 것으로 보고되고 있다.

박형민(2013)은 자살자의 문제 상황 자체가 자살을 직접적으로 유발하는 것이 아니라, 자살자가 사회 구조나 여러 상황으로 인해 야기된 '실패'를 극복할 수 없다고 인식하게 되면 자살이라는 대안적 행위를 선택하게 된다고 하였다. 이때 자살은 최선의 선택이 아닌 '차악(次惡)'의 선택으로 볼 수 있다.

세계보건기구(WHO)는 자살을 의도적으로 자신을 죽이는 행위로 정의하며, 이를 공중보건 문제로 간주하였다. 자살률은 한 사회의 정신건강을 나타내는 중요한 지표가 되기 때문이다. 자살률과 정신건강은 역상관관계를 보이며, 사회 구성원의 정신건강이 좋지 않을 경우 사회경제적 비용을 초래하게 된다.

우리나라는 2003년부터 OECD 회원국 중 가장 높은 자살률을 유지하고 있다. 이러한 심각한 자살문제에 대응하기 위해 중앙정부, 지방자치단체, 민간기관들은 자살예방사업을 적극적으로 추진하고 있다. 그러나 자살예방을 위한 정부의 노력에도 불구하고 여전히 높은 자살률을 유지하고 있다.

수많은 요소가 유기적으로 연관되어 발생하는 자살의 실체를 파악하고 이해하는 것은 매우 어려운 일이다. 그러나 자살은 예방할 수 있다. 1980년대 이후 자살예방을 위해 노력한 몇몇 선진국들은 자살률을 낮출 수 있었다. 자살은 매우 복합적인 요인으로 발생하기 때문에 다층적으로 접근할 때 예방 효과가 크다. 생명의 존엄이 강조되는 사회 분위기 속에서 생명의 존엄성에 위해(危害)를 가하는 자살에 대해 정확하게 이해하고, 자살을 예방하기 위한 노력이 그 어느 때보다도 필요하다.

차례

일러두기

이 저서는 2022년 대한민국 교육부와 한국연구재단의 지원을 받아
수행된 연구임 (NRF-2022S1A6A3A01094924)

제1장
자살의 역사

원시사회부터 현대에 이르기까지, 각 사회에는 자살자들이 존재해 왔다. 이들을 평가하는 법규와 윤리는 엄격했으며, 사회적 상황과 시대에 따라 유동적이었다. 법률, 종교, 문학 작품 등에 나타난 사회적 태도는 당시의 자살에 대한 사회적 인식과 역사적 관점을 제공해 준다. 때로는 자살이 사회적으로 허용되는 가치 있는 결정으로 인식되기도 했고, 때로는 죄악이나 범죄로 비난받기도 했으며, 정신질환의 결과로 받아들여지기도 했다.

1. 서구의 자살에 대한 태도

고대 그리스에서 자살은 다양한 방식으로 이해되었다. 철학자나 군인과 같은 귀족의 자살은 종종 용인되거나 찬양되었지만, 귀족에게 노동력을 제공하는 서민이나 노예의 자살은 죄악시되었다.

스토아학파와 에피쿠로스학파는 죽음의 시점과 방법을 선택할 권리가 개인에게 있다고 믿었다. 스토아학파의 철학자 세네카는 '그저 살아가는 것'이 아니라 '잘 사는 것'이 중요하며, 일찍 죽거나 늦게 죽는 것은 중요하지 않다고 강조했다. 제정 로마 시대에는 생명의 가치가 상대적으로 낮게 취급되었고, 자살에 대한 인식은 중립적이거나 긍정적이기도 했다.

테베와 아테네에서는 자살이 위법 행위는 아니었으나, 자살자의 장례식은 금지되었고, 자살자의 손은 자살에 사용되었다는 이유로 시체의 손목이 절단되는 처벌을 받았다. 아리스토텔레스와 피타고라스는 자살을 국가에 대한 반역이자 비겁한 행동으로 간주하였다.

한편, 고대 그리스에서는 자살이 명예와 관련된 상황에서 허용되기도 했다. 적군에게 잡히지 않기 위해, 잘못된 행위의 속죄로서, 또는 자신의 철학적 또는 종교적 원칙을 고수하기 위한 수단으로 자살이 인정되었다. 예를 들어, 철학자 소크라테스는 자신의 교육관과 신념을 지키기 위해 독미나리즙을 마시고 자살하였으며, 카르타고 장군 한니발은 치욕스러운 포로가 되는 대신 독약을 마셨다. 또한, 로마의 검투사들은 스스로 죽음의 때와 방법을 선택하기 위해 달리는 수레의 바퀴에 머리를 들이밀었다.

그러나 기독교가 보편화되면서 자살에 대한 시각은 변화하였다. 초기 기독교에서는 순교를 매우 중요시하며 자살을 숭상하는 경향이 있었으나, 4세기 성 아우구스티누스(로마 말기 신학자) 이후 자살은 회개할 기회를 빼앗고, 십계명 중 제6계명인 '살인하지 말라'에 어긋난다는 이유로 죄악시되었다. 8세기 가톨릭교회는 자살을 시도한 사람을 파문시키며 자살에 대한 부정적인 태도를 강화하였고, 이러한 경향은 수세기 동안 지속되었다. 성경에 기록된 자살 사건을 보면(김 중은, 2010), 자살이 처음부터 문화적 또는 종교적 규제의 대상이 아님을 알 수 있다.

이처럼 자살을 죄악시하는 경향은 13세기 성 토마스 아퀴나스에 의해 한층 강화되었다. 그는 기독교인의 삶은 신이 준 것이라고 보았으며, 인간은 삶을 사용할 권리만 있을 뿐 지배할 권리는 오직 하느님에게만 있다고 주장하였다. 즉, 인간의 생사 문제는 신의 권능에 속하며, 이를 침해하는 자살은 치명적인 죄악으로 간주되었다.

유대인의 관습에서는 자살자를 위한 추도사가 금지되었으며, 자살자의 묘지는 외진 구역에 매장되어 악인이 의인의 곁에 묻히지 않도록 하려는 조치가 취해졌다. 자살자에게는 매장 외에 어떠한 의식도 행하지 않는 것이 일반적인 관습이었다. 이슬람 율법에서는 자살을 살인과 동급이거나 살인보다 더 중대한 범죄로 규정하였다. 단테의 《신곡》에서는 자살자들이 하늘의 심판을 받아 일곱 번째 지옥에 떨어진 것으로 묘사되며, 이들은 나무의 모습으로 영원한 안식을 찾지 못하고 고통에 몸부림치며 피를 흘린다. 스스로 자신의 목숨을 끊은 자살자들은 다른 지옥의 사람들과는 달리 사람의 모습을 유지하는 것도 허락되지 않았다.

자살자의 시체를 모독하는 행위는 빈번하게 발생했다. 자살자의 시체를 물리적으로 외진 곳에 매장하는 것은 자살이 전염되는 것을 막기 위한 '살아있는 자들'의 방책이었다. 많은 나라에서 자살자들의 시신을 네거리 교차로에 매장한 경우가 있는데, 이는 교차로의 교통량이 많아 시신을 끊임없이 눌러둘 수 있고, 죽은 자의 영혼이 길을 잃어 집을 찾아갈 수 없게 될 것이라는 믿음 때문이었다.

핀란드에서는 죽은 자와 산 자가 공존할 수 없다고 믿었으며, 자살자의 영혼은 특히 무섭고 불온하다고 여겼기 때문에 자살자의 시신은 신속하고 신중하게 처리되었다. 17세기 후반 프랑스 형법에서는 자살자의 시신을 교수형에 처한 후 쓰레기장이나 하수관에 버리도록 규정하였고, 독일에서는 자살자의 시신을 고향으로 돌아오지 못하도록 나무통에 넣어 강에 버렸다. 이처럼 자살은 '돌이킬 수 없는 파멸적인 행위'로 간주되었다.

자살에 대한 기독교적 관점은 17세기에 과학과 유물론적 자연 개념의 등장과 함께 변화하기 시작하였다. 유물론적 자연 개념에 따르면, 죽음은 원자 집단의 분해로서 하나의 질료 덩어리가 다른 질료 덩어리로 변하는 것에 불과하다. 스피노자는 자유로운 인간은 이성에 따라 살며 공포에 지배되지 않는다고 주장하였고, 따라서 자유로운 인간은 죽음을 생각하지 않는다고 하였다.

17세기에는 자살에 대한 새로운 관점이 형성되었고, 자살은 심리학과 의학의 영역으로 다루어지기 시작했다. 존 던(John Donne)은 1610년에 발표한 《비아타나토스(Biathanatos)》에서 성경에는 자살을 비난하는 문구가 없다고 강조하며, 자살이 자연적인 죄라는 기독교 교리를 논박하고 '자기 살해'의 권리를 옹호하였다. 또한, 1621년 로버트 버튼(Robert Burton)은《우울증의 해부학(The Anatomy of Melancholy)》에서 자살은 광기나 우울증과 밀접한 관계가 있으며, 자기 목숨을 끊지 않을 수 없을 정도로 깊은 절망과 초조함 속에서 고통받은 사람들에게는 자비를 베풀어야 한다고 주장하였다.

18세기 프랑스 철학자 루소(Jean Jacques Rousseau)는 인간의 자연 상태를 강조하며 자살에 대한 비난의 초점을 사회로 돌렸다. 흄(David Hume)은 최초로 죄에 대한 개념 없이 자살을 논하였다. 카뮈(Albert Camus)는 인간에게서 유일하게 중요한 철학적 문제가 자살이며, 인간의 중요한 임무는 생의 명백한 덧없음, 절망, 부조리에 반응하는 것이라고 주장하였다. 비트겐슈타인(Ludwig Wittgenstein) 역시 자살을 인간의 주요 윤리적 이슈로 간주하였다.

18~19세기에 거쳐 대부분의 유럽 국가에서는 자살이 범죄가 아님을 공식적으로 표명하였다. 그러나 영국과 웨일스는 1961년까지, 아일랜드는 1993년까지 자살을 범죄로 간주하였다.

2. 우리나라의 자살에 대한 태도

조선시대의 범죄판결 사례집 《심리록(審理錄)》에는 자살과 관련된 다양한 사례가 소개되어 있다(정일영, 2008).《심리록》에 수록된 1,000여 건의 사례 중 자살과 관련된 사건은 총 109건이다. 이들 자살 사건에서 자살자의 성별은 남성 47건, 여성 65건으로 나타났으며, 자살의 원인으로는 자살 위장 39건, 분노 24건, 정절 24건, 도피 7건, 기타 15건이 기록되어 있다.

조선시대의 자살은 일탈 행위로서 소극적 행위 또는 도피 행위로 취급되었다. 당시 자살 사건은 성별이나 신분에 따라 해석과 평가가 달라졌는데, 특히 성별이 중요한 변수로 작용하였다. 남성의 자살은 비록 '충(忠)'을 위한 행위일지라도 소극적 행위로 평가되었지만, 여성의 자살은 '열(烈)'을 지키기 위한 행위로 칭송받았으며, 심지어 살아있는 여성들에게 권장되기도 했다.

오늘날의 자살 양상은 1920년대부터 본격화되었으며(천정환, 2011), 정신질환자(우울증, 신경증, 신경쇠약 등)의 자살, 청소년과 노인의 자살, 가족 동반 자살(살해 후 자살) 등 다양한 형태로 나타나고 있다. 자살의 원인으로는 우울, 자기처벌, 경쟁, 소외, 복수, 항의 등이 제시되고 있으며, 이는《심리록》에 나타났던 자살 원인과는 다른 양상을 보인다.

자살은 각 문화에서 경험하는 부정적 정서와 깊은 연관이 있으므로, 우리나라 문화에서 나타나는 부정적 정서를 이해하는 것이 자살에 대한 통찰을 제공할 수 있다. 한국인에게 '화(火)'는 기본적이고 핵심적인 부정적 정서로 여겨지며(민성길, 1989), 화병은 충격적인 사건 후 나타나는 분노 반응으로, 미국심리학회(APA)에서도 한국 문화에서 나타나는 특유의 증후군으로 분류하고 있다. 화병은 분노를 억제하면서 발생하는 공황, 불면, 피로, 우울한 정동, 식욕부진, 호흡곤란과 함께 상복부에 덩어리가 있는 듯한 느낌의 증상이 동반된다. 화병의 주요 병리인 분노와 정서 억제는 자살행동과도 관련이 있는 것으로 알려져 있다(Dilon et al., 2020).

참고문헌

김중은. 2010. 자살문제대한 에 성경적-신학적 접근. *장신논단*, 38: 11-40.

민성길. 1989. 홧병(火病)의 개념에 대한 연구. *신경정신의학*, 28(4): 604-616.

정일영. 2008. 조선 후기 성별에 따른 자살의 해석. *의사학*, 17(2): 155-175.

천정환. 2011. 1920년대 조선의 자살과 '해석의 갈등'. *내일을 여는 역사*, 43: 355-377.

Dillon, K. H. et al., 2020. Anger mediates the relationship between posttraumatic stress disorder and suicidal ideation in veterans. *Journal of Affective Disorders*, 269: 117-124.

제2장
자살에 대한 생물학적 관점

자살은 유전적 소인, 신경생물학적 요인, 정신질환 등 다양한 생물학적 요인에 의해 영향을 받는 복잡한 행동이다. 스트레스소인 모델에 따르면, 생물학적 소인과 그것을 유발하는 촉발제가 상호작용하여 자살위험을 증가시킬 수 있다.

자살 관련 행동(자살생각, 자살계획, 자살시도, 자살충동)은 전 세계적으로 중요한 공중 보건 문제로, 알코올 및 약물 사용 장애, 우울증, 양극성 장애, 조현병, 외상후 스트레스 장애(PTSD), 성격 장애 및 행동 변화와 같은 다양한 정신질환을 가진 환자들에게서 빈번하게 나타난다. 그러나 이러한 정신질환을 앓고 있는 모든 환자들이 자살행동을 보이는 것은 아니다(Pivac et al., 2010).

생물학적 관점에서 자살은 가족 및 유전적 소인, 신경생물학적 소인, 체질적 소인을 가진 개인이 정신질환, 환경적 스트레스, 물질 남용, 신체 질환 등의 영향을 받을 때 발생하는 것으로 설명된다(송후림, 우영섭, 전태연, 2012). 특히 신경생물학의 영역에서는 자살이 정신질환과 무관하게 독립적으로 작용하는 유전적 요인이 있다는 점이 밝혀졌으며, 신경전달물질, 신경호르몬, 지질대사의 이상 등이 신경회로의 전달체계를 교란시켜 자살에 대한 취약성을 증가시킨다고 보고되고 있다. 특히, 5-HT(세로토닌) 시스템과 HPA(시상하부-뇌하수체-부신) 축의 기능부전이 자살행동의 주요한 생물학적 인자로 알려져 있다.

Mann(2003)의 스트레스-소인 모델에 따르면, 자살행동은 단순히 정신질환에 의해 발생하는 것이 아니라, 자살과 관련된 소인의 변화에 의해 유발된다고 설명된다. 그는 자살의 주요 소인으로 비관-절망과 공격-충동성을 지목했으며, 이러한 소인을 가진 개인이 생활 사건이나 스트레스에 직면할 때 자살행동이 촉발될 수 있다고 주장했다. 또한, 성별, 종교, 가족 및 유전적 요인 등이 이러한 소인에 영향을 미칠 수 있다고 하였다.

1. 유전적 소인

자살행동이 특정 가족 내에서 빈번하게 발생하는 현상은 단순한 정신병리로 설명되지 않으며, 자살 자체가 유전적 요인에 의해 영향을 받을 수 있다는 연구 결과가 있다(Brent, 1995). 비록 자살행동의 원인으로 확인된 특정 유전자는 없지만, 쌍둥이, 가계, 입양 연구들을 통해 자살행동과 유전자의 관계가 밝혀졌다. 이러한 연구들은 자살행동의 유전성에 대한 강력한 증거를 제시하였다. 자살의 유전성은 21~50%로 추정되었고, 자살생각, 자살시도, 자살계획과 같은 광의적 자살행동의 유전성은 30~55%로 나타났다(Voracek, Loibl, 2007).

쌍둥이 연구에서는 일란성 쌍둥이의 자살행동의 일치도가 이란성 쌍둥이보다 유의미하게 높다는 결과가 나타났다

(Tidemalm et al., 2011). 이는 자살행동에 유전적 요인이 크게 작용할 수 있음을 시사한다. 이러한 유전적 측면에 대한 관심은 미국 정신의학자 Benjamin Rush에 의해 제기되었다. 그는 1812년 출판된 저서 《정신질환에 관한 의학적 조사와 관찰 (Medical inquiries and observations, upon the diseases of the mind)》에서 일란성 쌍둥이 형제의 자살 사례를 소개하고 있다(Rush, 1812).

쌍둥이 형제인 CL 대위와 JL 대위는 외모뿐만 아니라 버릇과 태도까지도 거의 똑같아, 그들을 처음 만나는 사람들은 두 사람을 구분하기가 매우 어려웠다. 사람들 사이에서 그들을 혼동하는 일이 자주 발생했고, 이로 인해 생겨난 재미있는 일화들도 여러 차례 전해지고 있다.

CL 대위와 JL 대위는 같은 시기에 미국 독립군에 입대하여 독립전쟁에서 큰 활약을 펼쳤다. 두 사람은 모두 쾌활하고 사교적이며 예의 바른 신사로 알려졌다. 전쟁이 끝난 후, JL 대위는 버몬트주로 이주한 반면, CL 대위는 매사추세츠주 디어필드 근처의 그린필드에서 생활하게 되었다. 그들은 서로 약 300km 떨어진 거리에 살았고, 이후 3년 동안 두 사람 모두 가벼운 정신착란을 겪었으나, 우울증을 앓지는 않았다. 이들 형제는 무언가에 쫓기듯 행동하거나 혼란스러운 모습을 보이기도 했지만, 그럼에도 불구하고 군 복

20

무를 계속할 수 있을 정도로 정신건강을 유지하고 있었다.

2년 전, 버몬트 주 의원이었던 JL 대위는 의회에 참석한 다음 날 아침, 자신의 방에서 사망한 채 발견되었다. 그의 목에서는 왼쪽 귀에서 오른쪽 귀에 이르는 깊고 치명적인 상처가 발견되었으며, 이는 자살로 추정되었다. 며칠 전부터 우울증으로 고통받아왔던 JL 대위는 사건 전날 밤, 몸 상태가 좋지 않다고 주변에 언급한 것으로 전해진다.

10일 전, 그린필드에서 근무 중이던 CL 대위는 우울증의 징후를 느끼며 자신이 스스로를 파괴할지도 모른다는 불안감을 주변에 이야기했다. 6월 5일 새벽, CL 대위는 아내에게 말을 타러 가자고 제안한 후 평소처럼 수염을 깎고 면도칼의 물기를 닦은 뒤 옆방으로 들어갔다. 그의 아내는 그가 단순히 면도칼을 제자리에 두러 간 줄 알았으나, 이내 바닥에 무언가 떨어지는 소리를 들었다. 그녀가 급히 방으로 달려갔을 때, CL 대위는 이미 깊게 목을 벤 채 쓰러져 있었고, 안타깝게도 그는 면도칼로 목을 그은 후 사망한 상태였다.

형제의 비극적인 죽음 이후, 그들의 노모 역시 정신착란 상태에 빠졌다. 또한, 형제의 두 누이도 몇 년 전부터 같은 정신질환으로 고통받고 있다.

가계 연구에 따르면, 자살자와 자살시도자가 있는 가계에서는 자살과 자살행동의 발생률이 크게 증가하는 경향이 있다(Jamison, 2000). 특히 아미쉬(Amish)[1] 공동체를 대상으로 한 연구에서는 자살자가 특정 가계에 집중되는 현상이 발견되었다. 아미쉬 공동체는 사회적 결속력이 강하고, 전통적인 농축산업에 종사하며, 도시의 위험요인들로부터 차단된 생활을 한다. 이들은 알코올을 금지하고, 범죄와 실직이 드물며, 자살은 용납되지 않고 비난을 받는다. 최근까지도 자살자의 시신은 공동묘지의 철책 밖에 매장되었다. 이러한 사회문화적 환경 속에서도 아미쉬 공동체 내에서 자살자의 73%가 네 가족에서 발생했으며, 이들은 아미쉬 공동체 인구의 16%에 불과하다.

Baechler(1979)는 자살자 가족에서 자살률이나 자살시도율이 다른 가계에 비해 현저히 높다고 보고하며, 이는 자살을 유발하는 특정 특질이 존재하고 이러한 특질이 유전된다고 설명하였다. 즉, 동일한 스트레스에 직면했을 때 어떤 사람들은 신체 증상이나 불안을 경험하는 반면, 어떤 사람들은 우울증을 겪거나 자살을 하게 되는데, 이는 자살행동이 유전적 소인과 관련이 있음을 시사한다고 하였다.

기분장애를 병력으로 가진 자살자들을 대상으로 한 연구

---

1) 아미쉬(Amish)는 18세기 초반 펜실베이니아주 동남부로 이주한 개신교 보수 종파에 속하는 사람들을 일컫는다.

에서는, 기분장애를 앓았으나 자살하지 않은 환자들과 비교하여 7개의 다른 유전자를 확인하였다. 이 연구는 신경면역 기능의 조절 이상이 자살과 관련이 있으며, 이러한 이상이 특정 유전자와 연관이 있음을 시사하였다(Perlis et al., 2010).

쌍둥이 연구와 가계 연구의 결과를 종합해보면, 유전적 소인이 자살행동에 중요한 역할을 한다는 것이 명확하다. 이러한 유전적 소인은 심리적 또는 환경적 요인과 결합될 때, 자살행동을 초래하는 심각한 문제로 발전할 수 있다.

2. 신경생물학적 요인

뇌의 활력 원천인 신경전달물질은 기분조절이나 자살을 비롯한 다양한 행동의 활성화에 결정적인 역할을 한다. 현재까지 100개 이상의 신경전달물질이 확인되었으나, 그 작용은 완전히 이해되지 않았다. 그 중에서 세로토닌은 자살과 자살행동에 중심적인 역할을 하는 뇌의 화학물질로 알려져 있다. 세로토닌은 식물과 태고의 무척추동물의 신경계에서도 발견되며, 인간을 포함한 포유동물의 몸과 뇌에 광범위하게 분포해 있다. 세로토닌은 수면조절, 공격성, 자살 등 여러 정신적 문제에 관여하기 때문에 정신의학적으로 매우 중요하다.

설치류와 인간 이외의 영장류를 대상으로 한 연구에서 세로토닌의 농도가 낮아지거나 전달과정이 억제되면 동물의 충동성과 공격성이 증가한다는 사실이 입증되었다. 예를 들면, 세로토닌 농도가 낮은 쥐는 다른 쥐를 공격하여 죽이는 경향을 보인다. 반면, 순종적인 기질을 가진 쥐들을 선택하여 번식한 결과, 이들의 세로토닌 농도는 다른 쥐들에 비해 높다는 것이 밝혀졌다.

세로토닌의 대사물질인 5-HIAA(5-하이드록시인돌아세트산)의 농도가 낮은 원숭이는 농도가 높은 원숭이에 비해 다른 원숭이를 공격하는 경향이 훨씬 강하고, 알코올 섭취량도 많으며, 생명을 위협하는 위험한 행동을 할 확률도 높았다.

뇌의 세로토닌 작용은 유전적 요인과 환경적 요인 모두에 의해 결정된다는 가설을 뒷받침하는 증거들이 나오고 있다. 예를 들면, 생물학적 부모와 떨어져 혈연관계가 없는 유모에 의해 양육된 붉은털원숭이의 5-HIAA 농도는 생물학적 부모와 유사한 수준을 유지했다. 또한, 충동성과 공격성은 인간 및 동물에서 높은 유전성을 가진 것으로 밝혀졌으며, 충동성과 자살시도에 관여한다고 추정되는 TPH(트립토판 하이드록실라제) 유전자도 연구되고 있다.

세로토닌 기능은 양육방식이나 사회적 환경에도 영향을 받는다. 긴꼬리원숭이를 대상으로 한 실험에서는 안정적인 집단에서 생활하는 경우 세로토닌 농도가 안정적으로 유지되었으나, 낮은 서열에서 높은 서열로 이동한 개체는 혈중 세로토닌 농도가 증가했다. 반대로, 우두머리였던 수컷이 격리되어 집단으로부터 시각적, 촉각적 접촉이 차단되었을 때, 세로토닌 농도가 50%나 낮아졌다.

붉은털원숭이 연구에서는 세로토닌과 사회적 행동에 어미의 영향이 크게 작용한다는 사실이 밝혀졌다. 갓 태어난 붉은털원숭이를 어미에게서 떼어내어 또래 원숭이들만으로 양육했을 때, 몇 가지 특징적인 현상이 나타났다. 또래 속에서만 자란 원숭이는 어미가 기른 원숭이에 비해 충동을 잘 제어하지 못하고, 훨씬 더 공격적이며, 알코올을 과도하게 섭취하고, 어린 새끼를 공격하는 경향이 강했다. 또한, 무리 속에서 관계가 좋지 않아 집단에서 소외되는 경향도 높았다.

지금까지 세로토닌이 폭력적이고 충동적인 행동을 억제하는 기능이 있음을 살펴보았다. 그렇다면 세로토닌과 자살 행동은 어떤 연관성이 있는 것일까?

자살충동을 느끼는 정신질환자와 그렇지 않은 정신질환자 간의 세로토닌 작용에 대한 연구들은 자살위험과 세로토닌 대사물질인 5-HIAA 농도가 반비례한다는 결과를 보여주었다. 또한, 세로토닌과 자살의 관련성을 뒷받침하는 중요한 증거 중 하나는 자살자의 뇌에 대한 사후 연구 결과이다. 뇌의 전전두엽피질은 행동 억제와 밀접하게 연관되어 있는 것으로 알려져 있는데, 자살자의 전전두엽피질에서 세로토닌 기능이 제대로 작동하지 않는 것으로 보고되고 있다.

자살자의 뇌를 살펴보면, 노르아드레날린계 뉴런의 숫자가 감소해 있으며, 이는 노르아드레날린계 시스템의 변화와 관련이 있다. 노르아드레날린계의 변화는 뇌의 발달 이상이나 급성 또는 만성 스트레스의 영향으로 추측된다. 우울증, 알코올 의존, 급성 또는 만성 스트레스는 세로토닌 기능을 약화시키고 뇌의 생체작용을 교란시켜 자살과 같은 치명적인 결과를 초래할 수 있다.

3. 정신질환

단독으로 자살을 촉진시키는 요인 중 가장 일반적이고 위험한 것이 정신질환이다. 자살과 밀접한 관계가 있는 정신질환으로는 우울증, 조울병(양극성 장애), 조현병, 알코올중독, 약물남용, 경계성 인격장애, 반사회성 인격장애 등이 있다. Jamison(2000)에 따르면, 아시아를 비롯한 유럽, 미국, 호주 등에서 자살자가 병적인 정신 상태를 가지고 있었으며, 자살자의 90~95%가 정신질환을 앓고 있는 것으로 확인되었다. 우울증, 알코올중독, 조울병(양극성 장애), 조현병 등의 정신질환을 앓는 사람들이 모두 자살하는 것은 아니지만, 이러한 질환을 가진 환자들의 자살률은 다른 질병을 앓는 환자들에 비해 매우 높은 것으로 알려져 있다.

정신질환 중에서 자살행동과 관련하여 가장 위험한 것은 우울증과 조울병(양극성 장애)이다. 대부분의 자살자는 우울 증상을 동반한 경우가 많다. Robins 외(1959)의 연구에서는 134명의 자살자 중 94%가 정신질환을 앓고 있었으며, 그중 대부분이 우울증을 앓고 있었다고 보고하였다.

우울증은 단순히 기분에 영향을 미치는 것을 넘어서, 사고체계에까지 깊은 영향을 미쳐 극심한 혼란을 초래한다. 우울증을 앓는 사람은 자신을 책망하고, 결단을 내리지 못하며, 의욕을 상실하고, 끝없는 피로감에 시달린다. 작은 일조차도 엄청난 노력 없이는 불가능하게 느껴지고, 모든 것이 가치 없게 보이며, 불면증에 시달리게 된다.

조증은 우울증과는 정반대의 감정을 특징으로 한다. 조증 상태에 있을 때는 지칠 줄 모르는 에너지를 발휘하며 거의 잠을 자지 않거나 그럴 필요를 느끼지 않는다. 이러한 상태에서는 행동이 정상적인 범주를 벗어나 충동적이고 때로는 폭력적인 경향을 보인다. 조증이 심각해질 경우, 환시, 환청,

과대망상, 피해망상 등의 정신병적 증상에 시달릴 수 있다.

조증 삽화와 우울 삽화가 번갈아 가면서 나타나는 조울병 (양극성 장애)은 우울증만큼 흔하지는 않지만, 상당수의 사람들이 앓고 있는 정신질환이다. 우울증의 경우 여성의 발병률이 남성보다 2배 높은 반면, 조울병(양극성 장애)에서는 남녀 간의 발병률 차이가 없다. 중증 우울증 환자 중에서는 다섯 명 중 한 명이 실제로 자살을 실행할 가능성이 있으며, 조울병(양극성 장애) 환자는 절반이 최소한 한 번은 자살을 시도할 가능성이 있다.

우울증에 가벼운 조증이 동반되는 경조증의 경우, 환자 본인이 이를 자각하지 못하는 경우가 많다. 심지어 의사의 검진이나 심리검사에서도 경조증이 발견되지 않을 수 있다. 경조증 환자는 일반적으로 에너지가 넘치고, 수면시간이 매우 짧으며, 안절부절못하는 특징을 보인다. 이러한 상태는 알코올 의존이나 약물남용 등과 같은 추가적인 문제를 일으킬 수 있다.

정신질환 중 가장 무섭고 심각한 질환 중 하나인 조현병 역시 자살의 위험요인으로 작용한다. 우울증이나 조울증만큼 자살위험이 높지는 않지만, 조현병 환자의 약 10%가 자살로 생을 마감한다. 조현병의 주요 증상으로는 환각, 망상, 논리적인 일관성이 없는 말이나 행동 등이 있으며, 이로 인해 현실감각을 잃고 지적 능력, 집중력, 기억력 등이 손상된다. 조현병 환자는 다른 사람들이 기쁨이나 격한 감정을 느끼는 상황에서도 별다른 감정을 느끼지 못한다. 특히 조현병에 우울증이 동반될 경우, 자살행동의 위험이 더욱 증가한다. 자살행동을 보이는 조현병 환자는 극도의 우울과 불안 증세를 보이는 경우가 많다.

정신질환 중에서 불안장애, 경계성 인격장애, 반사회성 인격장애도 심각한 자살위험을 초래한다. 불안장애는 공황발작이나 심각한 우울증을 동반할 때 자살위험이 현저히 증가한다. 경계성 인격장애는 불안정한 인간관계와 충동적이며 자기 파괴적인 행동이 특징이다. 반사회성 인격장애는 유년기에 행동장애로 시작되며, 타인의 권리에 대한 무관심, 공격성, 병적인 거짓말, 양심의 결여, 신체적 잔혹성 등을 특징으로 한다.

경계성 인격장애와 반사회성 인격장애는 모두 불안정한 감정 상태와 충동적 행동을 특징으로 하며, 우울증, 알코올이나 약물 남용과 함께 나타날 때 자살의 위험성이 더욱 커진다. 특히, 경계성 인격장애 환자의 경우, 약 75%가 최소 한

번은 자살을 시도했으며, 5~10%는 자살로 사망한 것으로 보
고되고 있다.

4. 스트레스-소인 모델

   뉴욕 주립 정신의학연구소의 Mann은 생물학적 소인과 그
것을 유발하는 촉발제 사이의 관계를 설명하기 위해 '스트레
스-소인 모델(Stress-Diathesis Model)'을 제시하였다. 자살 유
전자가 발현하기 위해서는 여러 가지 요인이 필요하며, 이
요인들이 복합적으로 작용하여 스트레스 역치가 설정된다는
것이다.
   Mann이 제시한 요인에는 가족력, 세로토닌 기능 장애 등
의 유전적 요소, 충동성이나 공격성 등의 기질적 변수, 만성
알코올 중독, 약물남용, 만성적인 내과 질환, 부모의 조기 사
망, 유년기의 신체적 또는 성적 학대 등의 사회적 요인들이
포함된다. 한편, 스트레스 역치는 경제적 안정, 신앙, 행복한
결혼 생활, 강력한 사회적 지원, 자녀 유무 등의 방어요인들
에 의해 일정 부분 끌어 올려져 자살을 어느 정도 막을 수도
있다. 그러나 자살 소인이 매우 강력할 경우, 방어요인들이
자살을 완전히 막기에는 한계가 있을 수 있다.

정신질환, 개인의 경제적 위기, 주변 인물의 자살 등은 자살을 촉진하는 요인으로 작용한다. 유전적 소인이든 촉진요인이든 하나의 위험요인만 작용한다면 자살위험은 크게 증가하지 않을 수 있다. 하지만 유전적 소인과 같은 위험요인이 심각한 정신질환과 함께 작용하게 된다면 자살행동은 촉진될 수 있다. 이때, 약간의 모욕이나 상실을 경험하게 된다면 순식간에 자살행동을 실행할 가능성이 높다.

참고문헌

송후림, 우영섭, 전태연. 2012. 자살의 신경생물학적 요인. *우울조울병*, 10(1): 13-21.

Baechler, J. 1979. *Suicides*. New York: Basic Books.

Brent, D. A. 1995. Risk factors for adolescent suicide and suicidal behavior: mental and substance abuse disorders, family environmental factors, and life stress. *Suicide and Life-Threatening Behavior*, 25: 52-63.

Jamison, K. R. 2000. *Night falls fast: Understanding suicide*. Vintage.

Mann, J. J. 2003. Neurobiology of suicidal behaviour. *Nature Reviews Neuroscience*, 4(10): 819-828.

Perlis, R. H. et al., 2010. Genome-wide association study of suicide attempts in mood disorder patients. *American Journal of Psychiatry*, 167(12): 1499-1507.

Pivac, N., Nikolac, M., Nedić, G., Mück-Šeler, D. 2010. Genetics of Suicidal Behavior. In Coping with Posttraumatic Stress Disorder in Returning Troops. *IOS Press*, 2010: 31-55.

Robins, E., Murphy, G. E., Wilkinson Jr, R. H., Gassner, S., Kayes, J. 1959. Some clinical considerations in the prevention of suicide based on a study of 134 successful suicides. *American Journal of Public Health and the Nations Health*, 49(7): 888-899.

Rush, B. 1812. Medical inquiries and observations, upon the diseases of the mind (No. 61640-61643). *Kimber & Richardson*, no. 237, Market street. Merritt, printer, no. 9, Watkin's alley.

Tidemalm, D., Runeson, B., Waern, M., Frisell, T., Carlström, E., Lichtenstein, P., Långström, N. 2011. Familial clustering of suicide risk: a total population study of 11.4 million individuals. *Psychological medicine*, 41(12): 2527-2534.

Voracek, M., Loibl, L. M. 2007. *Genetics of suicide: a systematic review of twin studies*. Wiener Klinische Wochenschrift, 119.

제3장
자살에 대한 심리학적 관점

자살에 대한 심리학적 관점은 정신분석이론, 인지행동이론, 대인관계이론을 중심으로 살펴본다. 정신분석이론은 자기 자신을 향한 공격성을 강조하며, 인지행동이론은 부정적인 자동적 사고와 인지적 왜곡이 자살에 기여한다고 본다. 대인관계이론은 심리적 욕구의 좌절과 자살 능력의 결합이 자살행동을 유발한다고 설명한다.

1. 정신분석이론

정신분석학의 창시자인 Freud(1856~1939)는 자살을 심리학적 관점에서 이해하려고 하였다. Freud는 1917년에 발표한 《Mourning and Melancholia》에서 우울을 '자신의 내부로 향하는 분노'로 정의하였다(Freud, 1917). 그에 따르면, 애착을 가졌던 대상을 상실하게 되면, 그 대상을 자기 내부에 내재화하여 동일시하게 된다. 이러한 과정에서 대상에 대한 증오심과 비난이 자신에게로 향하게 되는 것이 우울의 본질이며, 이때 적대감이 상실된 대상이 아닌 자기 내부에 내재화된 대상으로 향하게 되어, 결국 자기 자신을 해치는 결과를 초래할 수 있다고 보았다. 이후 정신분석의 영역에서는 자살이 자기 자신을 향한 공격성의 극단적인 표현이라는 점에서 자살을 공격성과 연관지어 논의하게 되었다.

Freud는 1923년에 발간한 저서 《The Ego and the Id》에서 자살을 무자비한 초자아가 자아를 파괴하는 과정으로 설명했다(Freud, 1989). 그는 초자아를 지배하는 것이 죽음 본능(thanatos)이라고 보았으며, 이 초자아는 가학성과 같은 파괴적인 요소들을 포함하고 있어 자아를 공격한다고 주장했다. 즉, 파괴적인 초자아(destructive superego)에 의해 자살이 추동된다는 것이다.

Menninger(1956)는 Freud의 '죽음 본능' 개념을 바탕으로 자살에 대한 이해를 확장시켰다. 그는 자기파괴가 인간의 본성 중 하나라고 보았으며, 자살행동을 구성하는 세 가지 주요 심리적 요소가 있다고 주장했다. Menninger는 자살행동의 동기(motives)를 죽이고 싶은 소망(wish to kill), 죽임을 당하고 싶은 소망(wish to be killed), 죽고 싶은 소망(wish to die)으로 구분하였다. Menninger는 자살행동 초기에는 이 세 가지 동기가 모두 나타날 수 있지만, 시간이 지남에 따라 어느 하나의 동기가 두드러지게 된다고 보았다. 특히, 나이가 들수록 죽이고자 하는 소망과 죽임을 당하고 싶은 소망은 감소하는 반면, 죽고 싶은 소망은 점차 증가한다고 설명하였다(Berman, Jobes, & Silverman, 1991).

대상관계이론에서는 자살을 환상 속에서 내부의 나쁜 대상이나 마음에 들지 않는 자신의 일부를 파괴하는 행위로 이해한다. Klein(1935)에 따르면, 불안한 상황에 직면했을 때 자신(self)을 지지하는 느낌을 제공하는 좋은 대상을 형성하는 것이 발달의 기본 과정이다. 이에 유아는 좋은 대상을 내부에 유지시키고, 불안을 일으키는 나쁜 대상을 외부로 축출하려고 한다. 불안이 커질수록 유아는 좋은 대상을 이상화하고, 그 대상을 잃는 좌절감을 견딜 수 없게 된다. 이러한 과정에

35

서 내부의 감정이나 대상을 외부로 투사하고, 그 투사된 대상과 동일시하는 과정을 '투사적 동일시'라고 한다. Klein은 이처럼 분리와 투사 방어가 지배적인 발달 단계를 편집분열기(paranoid-schizoid position), 발달이 진행되면서 이러한 분열된 부분들을 통합하는 과정이 나타나는 단계를 우울기(depressive position)라고 명명하였다.

2. 인지행동이론

자살에 대한 접근은 초기에는 행동주의적 관점에서 시작되었고, 이후 인지적 관점이 도입되었다. 행동주의적 관점에서는 자살행동이 개인에게 지속적으로 제공되었던 강화의 변화에 의해 발생한다고 보았다. 즉, 개인이 과거에 경험한 긍정적인 강화가 사라지면 개인이 삶의 의미를 찾기 어려워져 자살을 긍정적으로 보게 된다는 것이다. 인지적 관점에서는 자살행동을 인지적 왜곡이나 역기능에 중점을 두어 설명하였다.

Beck은 자살행동이 주로 미래에 대한 부정적인 기대인 절망감과 무망감에 의해 촉발된다고 설명하며, 심각한 우울이 자살행동을 연결하는 중요한 매개요인이라고 주장하였다 (Wenzel & Beck, 2008). Beck의 인지이론에 따르면, 개인이 환경적 스트레스와 내재된 취약성에 의해 절망감에 빠지게 되면 자살과 관련된 인지적 오류가 발생한다. 이러한 부정적인 자동적 사고가 지속되면 자살에 대한 생각이 강화되어 결국 자살행동이 발생한다.

Shneidman(1998)은 자살행동이 한 가지 원인에 의해 발생하는 것이 아니라, 인간의 삶을 둘러싼 다양한 복잡한 요인들이 자살을 유발한다고 설명했다. 그는 자살을 마음에서 일어나는 정신적 과정으로 보고, 주로 심리적 고통(정신통, psychache)에 달려 있다고 강조했다. 정신통은 수치심, 공포, 죄책감, 외로움, 불안 등을 포함하는 강한 고통으로 심한 정신통의 주요 원인은 좌절된 심리적 욕구이다. 이 통증을 견딜 수 없게 되면 고통스러운 의식을 벗어나기 위해 죽음을 떠올리게 되고, 결국 자살이 발생한다. Shneidman이 강조한 개념은 혼란, 치명성, 위축이다. 혼란은 정신적으로 혼란스럽고 불안한 상태를 의미하며, 치명성은 개인이 죽을 가능성을 내포한다. 위축은 고통을 없애기 위한 해결책이 오직 죽음뿐이라는 이분법적인 사고를 나타낸다.

Shneidman은 자살의 심리적 공통점을 다음과 같이 10가지로 정리하였다.

- 자살에서 공통된 목적은 해결책을 찾는 것이다.
- 자살에서 공통된 목표는 의식의 중지이다.
- 자살에서 공통된 자극제는 견딜 수 없는 심리적 고통이다.
- 자살을 압박하는 공통된 스트레스 요인은 심리적 욕구의 좌절이다.
- 자살에서 공통된 정서는 절망과 무력함이다.
- 자살에서 공통된 인지 상태는 양가적이다.
- 자살에서 공통된 지각 상태는 위축이다.
- 자살에서 공통된 행동은 탈출이다.
- 자살에서 공통된 대인관계 행동은 자살 의도 전달이다.
- 자살에서 공통된 패턴은 삶의 대처 방식과의 일관성이다.

Baumeister(1990)는 자살을 '자기로부터의 도피'라고 규정하며, 자살에 이르는 과정을 다음과 같이 설명하였다. 개인이 높은 기대나 기준을 달성하지 못하는 사건으로 인해 현실과의 괴리가 내적으로 귀인되면 부정적인 감정과 우울증이 발생하여 '인지적 몰락(cognitive deconstruction)' 상태가 초래된다. 인지적 몰락은 정신 기능이 협소화되어 피상적이고 무가치하게 지각하거나 해석하는 정신상태를 의미한다. 이 상태에서는 자살을 막을 수 있는 내적 억제력이 약화되며, 결국 부정적으로 인식된 자신과 부정적인 감정으로부터 탈출하기 위해 자살이라는 극단적인 자기 파괴적 행동이 촉발된다.

인지적 몰락 상태에 있는 사람의 특징은 다음과 같다.

- 시간적 조망의 축소(shrinking of time perspective)
- 구체성(concreteness)
- 장기적인 목표의 결여(absence of distal goal)
- 의미의 거부(rejection of meaning)
- 탈억제(disinhibition)
- 수동성(passivity) 및 무책임성(irresponsibility)
- 정서의 결여(lack of emotion)
- 비합리적 사고(irrational thought)

3. 대인관계이론

Joiner(2005)는 자살행동이 자살하고자 하는 바람(desire)

과 자살 능력(capability)의 결합으로 발생한다고 설명하였다. 그는 자살하고자 하는 바람이 삶을 지속시키려는 심리적 욕구의 좌절에서 비롯된다고 보았다. 여기서 심리적 욕구는 '인식된 짐스러움(perceived burdensomeness)'과 '좌절된 소속감(thwarted belongingness)'이라는 두 가지 대인 관계적 요인으로 구성된다.

인식된 짐스러움은 자신의 능력과 관련이 있으며, 다른 사람의 복지에 기여하고자 하는 욕구를 충족시키지 못할 때 발생한다. 자기 자신이 다른 사람에게 짐이 된다는 부정적인 이미지는 삶에 대한 통제력을 상실하게 하고, 자신의 무능력함이 타인에게 부정적인 영향을 미친다고 느끼게 만든다. 또한, 자기 자신을 짐으로 '인식'하는 것은 인지적 오류로 작용하여 자살행동을 유발하는 원인이 되기도 한다.

좌절된 소속감은 Shneidman의 자살과 관련된 다섯 가지 좌절된 욕구2) 중 '좌절된 사랑'과 '깨진 관계'에서 도출된 개념이다. 소속감은 타인과의 상호작용과 관심을 받고 있다는 느낌을 포함하며, 이러한 감정이 결여될 때 좌절된 소속감이

---

2) Shneidman은 좌절된 사랑(thwarted love), 깨진 관계(ruptured relationships), 자기 이미지의 손상(assaulted self-image), 통제력의 상실(fractured control), 과도한 분노(excessive anger)를 자살행동에 영향을 미치는 좌절된 심리적 욕구로 분류하였다.

발생한다.

인식된 짐스러움과 좌절된 소속감은 자살하고자 하는 '바람'을 형성하는 두 가지 요인일 뿐, 자살행동을 직접적으로 유발하는 조건은 아니다. 자살행동에 이르게 하는 필수 조건은 후천적으로 습득된 자살 능력(acquired capacity for suicide)이다. 습득된 자살 능력은 자극적인 사건을 경험함으로써 고통과 두려움에 대한 혐오가 감소하고, 이에 대한 인내가 용이해지는 상태를 의미한다.

참고문헌

Baumeister, R. F. 1990. Suicide as escape from self. *Psychological review*, 97(1): 90.

Berman, A. L., Jobes, D. A., Silverman, M. M. 1991. *Adolescent suicide: Assessment and intervention* (pp. vi-277). Washington, DC: American Psychological Association.

Freud, S. 1917. Mourning and melancholia. *The standard edition of the complete psychological works of Sigmund Freud*, 14 (1914~1916): 237-58.

Freud, S. 1989. The ego and the id (1923). *TACD Journal*, 17(1): 5-22.

Joiner, T. 2005. *Why people die by suicide*. Harvard University Press.

Klein, M. 1935. A contribution to the psychogenesis of manic-depressive states. *The International Journal of Psycho-*

Analysis, 16: 145.

Menninger, K. 1956. A guide to psychiatric books: With some suggested reading lists. (No Title).

Shneidman, E. S. 1998. *The suicidal mind*. Oxford University Press, USA.

Wenzel, A., Beck, A. T. 2008. A cognitive model of suicidal behavior: Theory and treatment. *Applied & Preventive Psychology*, 12(4): 189-201.

제4장
자살에 대한 사회학적 관점

Durkheim은 자살을 사회 통합과 사회 규제의 정도에 따라 구분하였고, Henry와 Short는 개인의 공격성이 내부로 표출될 때 자살이 발생한다고 하였다. Gibbs와 Martin은 여러 사회적 지위 간의 불일치가 자살위험을 높인다고 보았고, Douglas는 자살현상에 대한 해석주의적 접근을 주장하였다. 일탈 이론에서는 자살을 사회 구조와 문화의 영향을 받는 대표적인 일탈 행동으로 간주한다.

1. Durkheim

자살에 대한 사회학적 관점은 자살 문제를 개인이 아닌 사회적 차원에서 접근한다. Durkheim(2008)은 자살을 사회적 병리로 보고, 그 원인을 개인이 아닌 사회적 사실(social fact)에서 찾아야 한다고 주장하였다. 그는 개인이 자신의 긍정적 또는 부정적인 행동이 죽음을 초래할 것임을 알고도 이를 행하는 행위를 자살이라고 정의하며, 심리학적인 설명을 거부했다. 또한, 자살을 유발하는 힘은 심리적인 것보다는 사회적인 것이라고 강조하며, 자살현상이 사회적 혼란, 사회적 통합 또는 연대의 부족으로 인해 발생한다고 하였다.

Durkheim은 사회 통합(integration)과 사회 규제(regulation)라는 두 가지 사회학적 변수를 바탕으로 자살의 유형을 네 가지로 분류하였다. 사회 통합은 사회 구성원들이 그 사회의 네트워크에 얼마나 결속되어 있는지를 나타내며, 사회 통합의 정도가 낮으면 이기적 자살(egoistic suicide)이, 사회 통합의 정도가 높으면 이타적 자살(altruistic suicide)이 발생한다. 사회 규제는 사회 구성원의 욕구와 행동이 그 사회의 가치와 규범에 의해 얼마나 통제되는지를 의미한다. 사회 규제가 약하면 아노미적 자살(anomic suicide)이, 사회 규제가 강하면 숙명적 자살(fatalistic suicide)이 발생한다.

1) 이기적 자살

Durkheim은 이기적 자살을 '과도한 개인화'라고 부르며, 이기주의가 타인과의 긴밀한 유대관계보다 사회적 고립이 심각한 현대 사회의 일반적인 상태를 반영한다고 보았다. 그는 자살이 독신자들에게 더 많이 발생한다는 사실을 발견했는데, 그 이유는 이들이 충성과 참여를 요구하는 공동체와 연결되어 있다고 느끼지 못하기 때문에, 자살을 통해 현실을 벗어나려는 생각이 더 쉽게 들기 때문이라고 설명했다. 즉, 개인과 사회가 강하게 결속되어 있지 않을 때, 삶은 상대적으로 무의미해져서 자살행동의 가능성이 높아진다는 것이다.

2) 이타적 자살

이기적 자살과 대조되는 이타적 자살은 사회와의 유대가 지나치게 강해 개인이 자신의 고유한 정체성을 상실할 때 발생한다. 이러한 자살은 사회 전체의 요구가 개인의 요구보다 더 중요하게 여겨지는 고도로 통합된 사회에서 발생한다.

3) 아노미적 자살

사회 구성원들은 자신의 삶을 유지하기 위해 사회적 지침에 의존한다. 그러나 그 사회의 행위 규칙이 불명확하거나 모순될 때, 사람들은 자신의 행위가 적절하고 타당한지에 대한 확고한 기준을 갖기 어렵다. 이로 인해 개인은 혼란을 느끼고, 무질서 상태(anomie)에 직면하여 자살을 포함한 파괴적인 행동을 저지르기 쉬워진다. 따라서 아노미적 자살은 개인 행위에 대한 사회적 규제가 부족함을 반영한다.

4) 숙명적 자살

숙명적 자살은 사회적 규제가 지나치게 강할 때 발생한다. 개인이 무력감을 느끼고 자신이 속한 사회에 강하게 종속될 경우, 희망을 잃거나 삶의 의미를 찾지 못하게 되며, 이로 인해 숙명적 자살이 유발된다. Durkheim은 숙명적 자살이 주로 이론적인 개념이며, 현실에서는 거의 존재하지 않을 가능성이 크다고 보았다.

Durkheim의 자살이론은 자살의 사회적 요인을 강조하여 자살현상을 사회적으로 이해하는 데 크게 기여했지만, 사회적 요인만을 지나치게 강조하고 다른 요인들을 간과했다는 결함이 있다.

2. Henry와 Short

Henry와 Short(1954)는 심리학의 공격 이론을 자살행동에 적용하여 좌절-공격 이론을 주장하였다. 이 이론에 따르면, 공격의 주요 대상은 자신이 아니라 타인이며, 외부구속의 힘은 타인에 대한 공격을 정당화하는 주요 기반으로 간주된다. 그들은 자살을 살인과는 대조되는 공격적 행동으로 개념화하였다. 또한, 좌절 경험이 개인의 공격성을 증가시키며, 이러한 공격성이 외부로 표출되면 살인이 유발되고, 내부로 표출되면 자살을 초래한다고 주장하였다. 따라서, 삶의 질이 낮아질수록 살인율은 높아지고 자살률은 낮아지며, 삶의 질이 높아질수록 살인율은 낮아지고 자살률은 높아진다고 설명하였다.

3. Gibbs와 Martin

Gibbs와 Martin(1964)은 지위통합 이론을 통해 개인이 점유할 수 있는 여러 지위 간에 불일치가 있을 때 자살의 위험이 커질 수 있다고 설명하였다. 사회 구성원은 사회적 관계를 유지하기 위해 여러 지위에 따른 역할을 수행하게 된다. 이때 양립할 수 없는 지위를 가지게 되면 역할 간에 충돌이 발생하고, 지위통합의 정도도 낮아진다. 이렇게 낮아진 지위통합 정도가 자살을 유발할 수 있다는 것이다.

Gibbs와 Martin은 사회적 신분을 지위로 규정하였으며, 사회의 모든 구성원은 남성, 남편, 노동자 등과 같이 사회적으로 인정되는 범주로 식별된다고 설명하였다. 특정 지위의 역할을 수행하는 것이 다른 지위의 역할과 충돌할 때, 이 지위들은 양립할 수 없게 된다.

4. Douglas

Douglas(1967)는 자살이라는 행위의 의미를 탐구하는 것이 사회학적 자살 연구의 핵심이라고 주장하였다. 그는 Durkheim의 실증주의에 기반한 자살행동 분석이 이론적 약점과 인식론적 부적절함이 있다고 지적하며, 자살현상에 대한 해석주의(interpretivism)를 주장하였다. Douglas는 Durkheim이 자살 연구에 사용한 공식 통계가 사회적 사실을 반영하기보다는 공식 통계를 작성한 기관의 정의와 인식을 반영한 것이라고 보았으며, 이로 인해 자살행동의 심층적인 사회적, 문화적 의미를 충분히 고려하지 못한 한계가 있다고 설명하였다.

Atkinson(1983)도 Douglas와 마찬가지로 자살에 관한 공식 통계가 작성되는 방식에 대해 우려를 표명했다. 그는 자살 연구자들이 자살행동의 의미를 탐구하고, 자살행동을 사회적 맥락 내에서 이해해야 한다고 주장하였다.

5. 일탈 이론

자살이 사회 구조와 문화의 영향을 받는 대표적인 일탈 행동이라는 점에 근거하여, 몇 가지 일탈 이론에 대해 살펴보기로 한다.

1) 아노미 이론

Merton(1938)은 Durkheim의 아노미 개념을 확장하여 아노미 이론을 정립하였다. Durkheim은 아노미를 사회 변동으로 인해 사회가 개인을 규제하지 못하는 일시적인 현상으로 규정했지만, Merton은 아노미가 특정 사회에서 지속적이고 안정적으로 나타날 수 있는 현상이라고 보았다. Merton의 아노미 이론은 문화적 목표와 목표를 달성하기 위한 제도적 수단 간에 괴리가 발생할 때 일탈 행동이 유발된다고 주장하였고, 특히 목표를 달성할 수 있는 적법한 기회를 얻기 어려운

하위계층에서 범죄나 일탈이 증가한다고 설명하였다.

Merton은 문화적 목표와 제도적 수단 간의 괴리에 적응하는 방식으로 순응형, 혁신형, 의례형, 도피형, 저항형의 다섯 가지 유형을 제시하였다.

- 순응형: 문화적 목표와 승인된 수단을 모두 받아들인다.
- 혁신형: 문화적 목표는 수락하지만, 승인된 수단은 거부한다.
- 의례형: 문화적 목표는 거부하지만, 승인된 수단은 수락한다.
- 도피형: 문화적 목표와 승인된 수단을 모두 거부한다.
- 저항형: 문화적 목표와 승인된 수단을 모두 거부할 뿐만 아니라 새로운 문화적 목표와 제도적 수단을 제시한다.

2) 낙인 이론

낙인이란 개인의 평판에 대한 오점이나 불명예를 나타내는 표식으로, 사회적 낙인과 자기 낙인으로 구분된다. 사회적 낙인은 타인이 특정 개인을 사회적으로 수용할 수 없다고 부정적으로 여기는 인식을 의미하며, 자기 낙인은 사회적 낙인을 자신에게 내면화하는 것을 말한다(Vogel, Wade, & Haake, 2006).

Becker(1963)는 낙인 이론으로 일탈 행동과 범죄화 과정을 설명하였다. 그는 개인이 일탈자가 되는 이유가 단순히 그 사람의 행동 때문이 아니라, 다른 사람들의 가치 기준에 따라 그 행동이 일탈이나 문제 행동으로 명명되기 때문이라고 주장하였다. 이러한 명명은 그 사람이 이후에 일으키는 문제 행동의 원인이 될 수 있다. 세계보건기구(WHO, 2014)는 자살에 대한 낙인이 자살 충동을 가진 사람들이 도움을 요청하는 것을 어렵게 만들며, 자살예방을 방해하는 위험 요소가 된다고 하였다.

안순태와 이하나(2017)는 자살에 대한 사회적 낙인을 7개의 차원으로 제시하였다.

· 부도덕성: 자살행동을 치료와 도움이 필요한 행동으로 여기지 않고, 사회적으로 용인되지 않는 부적절한 행동으로 보는 낙인
· 이기주의: 자살행동을 가족이나 주변인들의 입장을 고려하지 않은 이기적인 행동으로 보는 낙인
· 사회적 배제: 자살행동을 하는 사람을 사회성의 결여 또는 주류 사회로부터 버림받은 사람으로 보는 시각이

51

반영된 낙인

- 무능력: 자살행동을 하는 사람을 비정상적이고 이해할 수 없는 골칫거리로 여기는 낙인
- 기질: 자살행동을 하는 사람은 예민하고 의지가 약하며 쉽게 흥분하는 특성을 보인다는 고정관념이 반영된 낙인
- 연민: 자살행동을 하는 사람을 안타깝게 여기는 낙인
- 찬미: 자살행동을 사회의 부조리에 대한 저항, 종교적 신념, 또는 명예를 지키는 행동으로 여기는 낙인

3) 사회학습이론

Bandura(1977)는 인간의 학습에 사회적 상황이 미치는 영향을 강조하며, 사람들이 동일시하는 대상의 행동을 관찰하는 것만으로도 학습이 가능하다고 주장하였다. 그는 이러한 과정을 모델링(modeling) 또는 모방(imitation)이라고 불렀다.

모방의 강도는 학습자의 인지 수준에 따라 달라지며, 실제 모델의 영향을 가장 크게 받지만 대중매체의 영향도 무시할 수 없다. 따라서 대중매체를 통한 반복적인 자살 보도는 모방 자살을 유발할 수 있다.

Lester(1983)는 자살행동을 학습과 반응(자살행동의 표출)으로 설명하며, 자살시도 후 보상 효과가 발생하면 자살행동

이 강화된다고 주장하였다. 초기 자살시도는 많은 보상을 가져오지만, 반복될 경우 보상이 감소하게 되어 자살행동의 수위가 높아지는 경향이 나타난다.

참고문헌

안순태, 이하나. 2017. 자살 시도자를 향한 사회적 낙인 척도 개발을 위한 탐색적 연구. *보건사회연구*, 37(2): 325-357.
Atkinson, J. M. 1983. *Discovering suicide: Studies in the social organization of sudden death*. Springer.
Becker, H. S. 1963. *Outsider: Studies in the sociology of deviance*, New York: Freepress.
Douglas, J. 1967, *The social meanings of suicide*, Princeton, N. J. Princeton University Press.
Durkheim. 2008. *자살론*. 황보종우 번역. 파주: 청아.
Gibbs, J. P., Martin, W. T. 1964. *Status integration and suicide*. University of Oregon.
Henry, A. F., Short, J. F. 1954. Suicide and homicide. *American Sociological Review*, 30: 875-886.
Vogel, D. L., Wade, N. G., Haake, S. 2006. Measuring the self-stigma associated with seeking psychological help. *Journal of Counseling Psychology*, 53(3): 325-337.

제5장
자살위험 평가

자살예방을 위해 자살현상을 올바르게 이해하고 자살위험을 평가하는 것은 매우 중요하다. 이를 위해 자살에 대한 오해와 진실, 자살 경고신호, 자살의 유발요인과 억제요인, 자살위험 평가 및 대처방법 등에 대해 살펴본다.

우리나라를 비롯한 세계 각국이 매년 발표하는 자살 통계
는 얼마나 많은 사람들이 자살로 생을 마감하는지를 보여준
다. 자살시도자의 수는 실제로 자살에 성공하는 사람들의 약
10~20배에 이르는 것으로 추정되며, 한 명의 자살로 인해 그
주변에 있는 가족이나 지인 중 최소 6명 이상이 평생 죄책감,
분노와 같은 심리적 고통에 시달린다. 따라서 자살은 단순히
한 사람의 죽음으로 끝나는 것이 아니라, 우리가 상상하는
것 이상으로 심각하고 광범위한 영향을 미치는 문제이다.

그러므로 자살위험을 평가하는 일은 매우 중요하다. 자살
위험을 평가할 때는 단순히 위험요인의 유무를 확인하는 것
에 그치지 않고, 다양한 사회적, 환경적 요인들을 종합적으로
고려해 평가하는 것이 바람직하다.

1. 자살에 대한 오해와 진실

자살위험에 처한 사람의 생명을 구하는 일은 특정 전문가
만의 역할이 아니고, 가족, 지인, 상담사 등 주변 사람들 모두
가 함께해야 하는 일이다. 이때 자살위험에 처한 사람을 올바
르게 이해하고 기본적인 정보를 갖는 것이 매우 중요하다.
따라서 자살에 대한 일반인들의 오해와 편견을 바로잡을 필

요가 있다(이홍식, 2008).

- 오해 1: 정말 자살할 사람은 자살 의도를 밝히지 않는다.
- 진실 1: 자살하는 사람 10명 중 8명은 자살하려는 의도를 명확하게 언급한다. 즉, 혼자 몰래 결심하고 조용히 자살하는 것이 아니라, 자살 의도를 주변 사람들에게 여러 단서와 경고를 통해 알리는 경우가 많다.

- 오해 2: 자살하는 사람은 꼭 죽겠다는 결단을 내린 사람이다.
- 진실 2: 자살을 시도하는 사람은 실행에 옮기기 전까지 삶과 죽음 사이에서 결정을 내리지 못한 상태일 때가 많다. 따라서 누군가가 그들에게 관심을 가지고, 문제를 해결할 수 있다는 희망을 심어주면 자살을 하지 않을 가능성이 크다.

- 오해 3: 자살시도가 실패하면 자살에 대한 생각은 사라진다.
- 진실 3: 자살시도 경험이 있는 사람은 이후에도 자살할 가능성이 매우 높은 것으로 밝혀졌다. 따라서 자살시

도 경험이 있는 사람에게는 지속적인 관심과 세심한
관찰이 필요하다.

- 오해 4: 자살은 예방과 치료가 불가능하다.
- 진실 4: 자살은 위험요인을 파악하고, 사회환경적 문제
  를 개선하며, 사회적 지지가 충분히 이루어질 경우, 예
  방과 치료가 가능하다.

- 오해 5: 자살은 정신병이다.
- 진실 5: 자살은 우울증 등 정신질환과 연관된 경우도
  있지만, 심리적, 사회적, 환경적 요인이 복합적으로 작
  용하여 발생한다는 연구결과가 보고되고 있다. 따라서
  자살행동을 보이는 사람들을 단순히 정신질환자로 보
  는 것은 적절하지 않다.

2. 자살 경고신호

자살충동을 느끼는 10명 중 8명은 주변 사람들에게 직접
또는 간접적으로 경고신호를 보낸다. 이는 도움을 요청하는
신호일 수 있으며, 모든 자살 경고신호는 자살예방을 위한

중요한 단서가 된다. 자살하려는 사람의 경고신호를 파악하는 것은 쉽지 않지만, 주의 깊게 살펴본다면 알아차릴 수 있는 몇 가지 경고신호의 특징이 있다(보건복지부, 2019).

- 대인관계를 회피하여 고립되거나, 이전의 활동을 중단함
- 약물, 알코올, 도박 등의 사용이 증가하고 의존함
- 세상에 대해 부정적으로 생각함
- 자살방법에 대해 궁금해하거나 자살수단(약물 등)을 마련함
- 자신의 상황과 미래에 대해 절망감을 표현함
- 초조 또는 불안을 호소하다가 갑자기 차분해지고 편안해함
- 미래에 대한 계획에 대해 무관심하거나 회피함
- 죽음에 대해 과도한 관심을 보임
- 자살생각이 있다고 자주 말함
- 자살시도의 경험이 있음
- 가족이나 지인 중에 자살사망자가 있음

3. 자살의 유발요인과 억제요인

유발요인은 부적응적 결과의 가능성을 증가시키는 환경적 또는 개인적 특성을 의미한다. 이는 스트레스 상황에서 심리적 또는 행동적으로 문제를 일으킬 수 있는 요인들로, 심각한 상태로의 일탈이나 문제 상황을 증가시키게 된다. 자살의 유발요인은 자살위험을 증가시키는 요인으로서 우울, 스트레스, 경제문제, 질병, 사회적 고립, 절망, 부정적 정서, 상실, 생활사건, 사회환경적 스트레스, 정신적 외상(트라우마) 등이 있다.

억제요인은 개인의 발달에 부정적인 영향을 미치는 요인을 감소시키고, 개인이 위험 상황을 이겨낼 수 있도록 도와주는 요인이다. 자살의 억제요인은 자살행동을 예방하고, 자살위험을 감소시킬 수 있는 요인으로서 삶의 만족, 자아존중, 문제해결능력, 건강 만족, 경제적 만족, 가족의 지지, 가족결속, 가족 동거, 사회적 지지, 사회 활동 등이 있다.

4. 자살 의도를 묻는 방법

누군가와 이야기하다가 자살 경고신호가 느껴지면 어떻

게 해야 할까? 가장 먼저 해야 하는 것은 자살 의도를 직접 묻는 것이다. 상대방을 자극할 것을 걱정하여 우회적으로 질문하는 것보다는 직접적으로 물어보는 것이 중요하다. 하지만 "자살하고 싶은가요?"라는 질문은 상대방을 당황하게 하여 거짓말을 하게 만들 수도 있다. 따라서 조심스럽고 진지하게 "이야기를 듣고 보니 많이 힘들어 보이네요. 이런 상황에서는 차라리 죽고 싶다는 생각이 들기도 할 것 같아요."라고 말하는 것이 도움이 될 수 있다. 이렇게 자살 의도가 있는지를 묻는 질문을 하면 상대방은 자살생각이 있다고 솔직하게 대답할 가능성이 높아진다.

5. 자살위험 평가 및 대처방법

자살위험의 정도를 평가하기 위해 다음의 10가지 질문을 사용할 수 있다. 자살위험의 정도에 따라 대처방법이 달라지며, 각 단계에 맞는 적절한 조치를 취하는 것이 중요하다(보건복지부, 2019).

1. 자살에 대해서 생각해 보신 적이 있습니까?				
전혀 없다	한두 번 했다	종종 한다	자주 한다	항상 한다
0	1	2	3	4

2. 현재 생활 스트레스로 인해 얼마나 고통을 느끼고 계십니까?				
없다	약간	보통	심각	매우 심각
0	1	2	3	4

3. 얼마나 구체적인 방법으로 자살을 시도하려고 하십니까?				
없다	약간	보통	구체적	매우 구체적
0	1	2	3	4

4. 자살하기 위해 어떻게 준비해 오셨습니까?				
없다	약간	보통	철저히	매우 철저히
0	1	2	3	4

5. 이전에 자살을 시도해 본 적이 있습니까?				
없다	자살 위협	예측가능 시도	한두 번 시도	여러 번 시도
0	1	2	3	4

6. 심리적 문제로 정신과 치료(혹은 상담)를 받은 경험이 있습니까?				
없다	상담	치료(1회)	치료(2회이상)	현재 치료 중
0	1	2	3	4

7. 알코올이나 약물을 얼마나 복용하였습니까? - 지금 현재				
없다	약간	보통	심각	약물 중독
0	1	2	3	4

8. 사랑하는 가족이나 친구가 자살을 한 적이 있습니까?				
없다	친구 자살	가족 자살시도	가족 자살	최근 가족 자살
0	1	2	3	4
9. 자기 자신을 지지해 줄 가족 혹은 친구, 이웃, 기관이 있습니까?				
충분	있다	보통	약간	없다
0	1	2	3	4
10. 삶의 이유가 얼마나 있다고 생각하십니까?				
매우 크다	크다	보통	약간	없다
0	1	2	3	4

1) 합산 점수 0~19점 (자살위험: 낮음)

① 호소문제에 대해 충분히 경청하고 공감한다.

② 있는 그대로 수용하고 이해하려고 노력한다.

③ 망설이지 말고 언제든 도움을 요청할 수 있게 한다.

④ 전문가의 도움을 받을 수 있음을 알게 한다.

2) 합산 점수 20~29점 (자살위험: 중간)

① 자살계획에 대해 질문한다.

② 호소문제에 대해 충분히 경청하고 공감하면서 신뢰 관계를 형성한다.

③ 자살위기자의 정보(이름, 주소, 전화번호 등)를 확보한다.

④ 자살시도의 위험성이 크고 우울증 등의 증상이 동반할 때는 의사의 도움을 받는 것이 안전함을 알려준다.

⑤ 도움을 받을 수 있는 기관과 지지자원을 안내한다.

⑥ 자살하지 않겠다는 서약을 받는다.

3) 합산 점수 30점 이상 (자살위험: 높음)

① 호소문제에 대해 충분히 경청하고 공감하면서 신뢰 관계를 형성한다.

② 시간을 확보하기 위해 계속 이야기하게 한다.

③ 자살고위험의 환경을 관리하여 안전한 환경을 조성한다.

④ 지지자원을 확인한다.

⑤ 자살 이외의 대안을 찾는다.

⑥ 자살하지 않겠다는 서약을 받는다.

⑦ 생존 계획(위기 발생 시 도움 요청, 상황이 악화되었을 때 행동 지침 등)을 세운다.

⑧ 전문적인 도움을 받게 한다.

4) 자살위기자에 대한 조력자의 자세

① 자살위기자의 말을 비판하지 않고 그대로 수용한다.

② 자살위기자의 호소문제를 최소화하지 않는다.

③ 방관자적인 태도를 삼간다.

④ 막연한 낙관론을 피한다.

⑤ 결정적인 해결책을 가르치려고 시도하지 않는다.

⑥ 조력자가 침착성을 잃고 두려워하거나 불안해하지 않는다.

⑦ 자살위기자에 대해 도덕적인 판단을 하지 않는다.

⑧ 자살위기자를 혼자 남겨 두지 않는다.

⑨ 자살위기자가 비밀유지를 요청하더라도 동의하지 않는다.

⑩ 정말 이해한 것이 아니라면 이해한다고 말하지 않는다.

6. CPR 모델을 활용한 자살위험 평가

CPR 모델은 자살위험을 평가하기 위한 간단하고 효과적인 모델로, 세 가지 주요 요소에 중점을 두고 있다(MacDonald, 2015).

1) 현재 계획(C: Current plan)

현재 계획은 자살계획을 의미하며, 이 계획은 모호할 수도 있고 구체적일 수도 있다. 자살계획을 구체화하기 위해 다양한 질문을 통해 세부 사항을 파악할 수 있으며, 자살위기자의 계획이 구체적이고 상세할수록 자살위험이 높은 상태로 간주된다.

2) 과거 자살 노출 이력(P: Previous exposure to suicide)

자살위기자의 과거 자살시도 이력뿐만 아니라, 주변인의 자살로 인한 사별도 포함된다. 아는 사람이 자살로 사망했을 경우, 자살위험이 높아질 수 있다.

3) 지지자원 접근(R: access to Resources)

도움을 받을 수 있는 지원에 대한 접근은 자살위험을 감소시키는 중요한 보호요인이다. 그러나 우리 삶에서 자원으로 생각되는 가족이 자살위기자에게는 자살충동의 원인이 될 수도 있다. 지지자원은 내부자원, 외부자원, 주변자원의 세 가지 범주로 구분되지만, CPR 모델에서는 외부자원과 주변자원만 살펴본다.

외부자원은 일상생활에서 정서적 지원을 제공할 수 있는 사람들로, 가족, 가까운 친구, 반려동물 등이 포함된다. 주변자원은 일상생활에서 자주 볼 수 없지만 필요할 때 추가적인 지원을 제공하는 사람들로, 상담사, 사회복지사, 교사, 성직자 등이 포함된다.

가끔 가족이 없거나 고립된 자살위기자는 외부자원이 전혀 없을 수도 있으므로, 주변자원의 제공이 매우 중요하다. CPR 모델에서는 현재 자살계획이 있고, 과거 자살 노출 이력이 있으며, 지지자원이 없는 사람을 자살고위험군으로 간주한다.

참고문헌

보건복지부. 2019. *생명을 살리는 자살예방 지침서.*
이홍식. 2008. *자살의 이해와 예방.* 학지사.
MacDonald, D.K. 2015. "CPR Model of Suicide Risk Assessment,"
    retrieved on October 9, 2023 from
        http://dustinkmacdonald.com/cpr-model-of-risk-assessment/.

제6장
자살위기개입

자살충동을 호소하는 자살위기자에게 실시할 수 있는 위기개입의 단계별 전략과 자살위기개입 모델에 대해 살펴본다.

1. 위기개입의 단계별 전략

　자살예방을 위한 노력에도 불구하고 자살충동을 호소하는 사람들이 있다. 이때 위기개입이 필요하다. 자살위험에 처한 사람에게 약물치료나 심리치료를 시작하기 전에, 응급처치 기법으로 적절한 위기개입을 실시하면 자살충동을 완화할 수 있다. 위기는 위험과 기회가 공존하는 상황이다. 따라서 자살이라는 위험을 극복하면 개인의 성장을 이룰 기회도 얻을 수 있다.

　위기상황에 처한 사람이 위기를 어떻게 인식하고, 문제를 어떻게 해결하느냐에 따라 대처기술을 배울 수도 있고, 반대로 비합리적인 방법이나 회피의 방식으로 문제를 처리할 수도 있다(Caplan, 1964). James와 Gilliland(2016)는 절충주의적 관점에서 위기개입 절차와 기술에 관한 6단계 전략을 다음과 같이 제시하였다(표 1).

[표 1] 위기개입 6단계

단계	내용
1	위기자의 관점에서 문제를 이해하고 정의한다. 위기자가 직면한 문제는 무엇이고 그 문제를 어떻게 인지하고 있는지를 파악하는 것은 위기개입에서 가장 기본적으로 해야 할 일이다.
2	위기자의 안전을 보증한다. 위기자의 안전 보증은 위기자의 신체적, 심리적, 정서적 위험을 감소시킬 수 있는 방법을 강구하는 것이다.
3	지원을 제공한다. 지원이란 주위 사람들의 사회적 지원(위로, 격려 등)을 말한다.
4	대안을 찾는다. 위기자의 외적 문제를 해결해 줄 수는 없지만 문제해결에 도움이 되는 대안을 찾도록 돕는다.
5	계획을 수립한다. 대안을 실행할 수 있는 구체적인 계획을 수립한다. 위기개입의 목적은 위기자가 구체적인 행동을 하는 것이므로 위기자가 할 수 있는 간단한 일상활동(식사하기, 전화 걸기 등)부터 시작하도록 돕는다.
6	구속력을 확보한다. 위기자가 자력으로 계획을 수립하면 실행할 수 있어야 한다.

2. 위기개입

위기에 대한 개입은 사정, 계획, 개입, 평가의 네 단계로 구분할 수 있다(이홍식, 2008).

1) 사정

위기개입의 첫 번째 단계로서 위기의 본질과 위기자에게

미치는 영향에 대한 자료를 수집한다.

① 행동: 위기를 경험하면 부정적인 증상이 나타나며, 이
는 더 큰 문제를 야기할 수 있다. 위기 이후 나타나는
행동으로는 분노, 무력감, 불면, 초조, 집중력 저하, 사
회적 위축, 약물남용, 자살생각, 죄책감 등이 있다.

② 촉발사건: 촉발사건을 확인하기 위해 위기자의 욕구를
사정하고, 그 욕구를 위협하거나 증상이 나타나기 시
작한 시점을 탐색한다. 또한, 위기자의 욕구충족을 방
해하는 장애요인을 파악한다. 불안을 느끼기 시작한
시점은 언제인지, 자살생각은 언제 시작되었는지 등에
대해 질문한다. 스트레스 사건 이후 증상이 나타나고
대처가 비효과적으로 되는 경우가 많은데, 이와 같은
생활사건과 대처실패를 연결해 촉발사건을 확인할 수
있다.

③ 사건에 대한 지각: 위기자가 촉발사건을 인지하는 것
은 매우 중요하다. 현재의 문제는 과거의 문제와 관련
이 있을 가능성이 높다. 예를 들어, 자녀의 학업 성적
부진을 호소하는 사람은 직장이나 사회생활에서 자신
의 성과 부족으로 고통받는 상황일 수 있다. 대부분의
위기는 상실과 관련이 있으므로, 최근의 사건을 면밀

히 파악할 필요가 있다.

④ 지지체계와 대처자원: 위기자의 생활환경과 지지체계
를 사정한다. 만약 지지자원이 부족하다면 자조집단
이나 다른 집단원의 지지를 이끌어낸다. 위기자가 자
살고위험군이고 자원이 부족한 경우, 입원이 효과적이
고 안전한 방법이 될 수 있다.

⑤ 대처기제: 위기자의 강점과 대처기제를 사정한다. 위
기자가 과거에 다른 위기를 어떻게 극복했는지, 긴장
과 불안을 감소시키기 위해 어떤 방법을 사용했는지,
긴장을 완화시키기 위해 어떠한 신체활동을 했는지 등
을 탐색한다.

2) 계획

사정 단계에서 수집한 자료들을 분석하여 위기자의 상황
에 맞는 특별한 개입을 계획하고 제안한다. 어떠한 사회환경
적 지지가 강화되고 포함되어야 하는지, 내담자의 강점과 대
처기제를 어떻게 강화하고 발달시킬 것인지를 결정한다.

3) 개입

위기개입의 목표는 위기자가 위기사건을 극복하고, 위기
이전의 기능 수준으로 회복하며, 삶의 질을 향상시키는 데

있다. 그러므로 상황에 맞게 다양한 기술을 유연하게 적용할
수 있어야 한다.

① 감정정화: 위기자가 정서적인 부담을 느끼는 상황에
  대해 이야기하면서 감정을 발산하는 과정이다. 위기
  자가 특정 상황이나 사람에 대한 감정을 표현하도록
  유도하여 감정을 정화할 수 있다. 만약 극도의 분노로
  인해 감정 통제가 어려운 경우에는 감정보다 사고에
  집중할 수 있도록 돕는다.
② 명료화: 위기자가 사건, 행동, 감정 간의 관계를 인지할
  수 있도록 돕는다. 명료화는 위기자가 자신의 감정이
  어떻게 위기로 이행되는가를 이해할 수 있게 해 준다.
③ 행동의 재강화: 위기자의 적응적인 행동을 격려함으로
  써 위기자의 긍정적인 반응을 이끌어낸다.
④ 대처방안 탐색: 위기자가 긴장과 불안을 감소시키기
  위해 사용했던 적응적인 대처방안을 강화한다.
⑤ 해결책 탐색: 적극적으로 위기를 극복하기 위한 구체
  적인 해결책을 탐색한다.

4) 평가
위기개입의 마지막 단계는 개입의 결과를 평가하는 것이

다. 위기자는 긍정적으로 해결된 결과를 통해 미래에 발생할 수 있는 위기에 대처할 수 있다는 확신을 가져야 한다. 만약 개입의 목표가 달성되지 않았다면, 사정의 첫 단계부터 다시 시작해야 한다. 다른 전문가의 도움이 필요하다고 평가될 경우, 가능하면 신속하게 의뢰해야 한다.

3. 자살위기개입 모델: ASIST

ASIST(Applied Suicide Intervention Skills Training)는 1983년 캐나다의 LivingWorks에서 개발된 14시간 게이트키퍼 훈련 프로그램으로, 전 세계적으로 보급 및 교육되고 있는 자살개입모델이다(Ramsey et al., 2004). 대부분의 게이트키퍼 훈련 모델이 확인, 개입, 의뢰의 단계를 가르치는 것과는 달리, ASIST는 게이트키퍼가 연결하고(connect), 이해하며(understand), 지원하도록(assist) 훈련한다(표 2).

ASIST는 직접적인 개입과 의뢰가 최선이 아닐 수 있음을 인지하고, 게이트키퍼와 자살위기자 간의 상호작용에 초점을 맞춰 정신건강 서비스, 지역 사회자원 연결 등 안전한 계획을 수립하여 위험을 감소시키는 방법에 집중한다. 또한, 현재와 미래의 위험, 이용가능한 자원, 자살위기자의 요구에 따라 다양한 옵션을 제공한다. ASIST는 단기적으로 자살 관련 지식과 긍정적 태도, 개입기술을 향상시키고, 장기적으로 자살시도와 자살사망률을 감소시킨 것으로 보고되었다(Rodgers, 2010).

[표 2] ASIST 모델

연결하기	이해하기	지원하기
탐색	경청	안전계획 수립
질문	위험검토	추후관리

1) 연결하기(connect)

개입자는 내담자의 도움 요청을 확인하고, 질문을 통해 상황을 탐색한다. 이 단계에서 자살위기자의 욕구가 무엇인지, 자살생각을 갖고 있는지에 대해 질문한다. 개입자는 자살위기자가 표현하는 자살생각에 부정적으로 반응하지 말고, 불안감과 긴장감을 줄이며 자살에 대해 개방적으로 말할 수 있도록 돕는다. 이때, 내담자에게 죽지 않겠다는 약속을 하도록 요구하는 것은 개입의 속도가 너무 빠른 것이므로 주의해야 한다.

2) 이해하기(understand)

자살위험성의 수준을 검토하면서 자살위기자가 처한 상

황을 이해하고, 자살 이외의 방법을 선택하고 지지하기 위한
질문을 한다. 자살위기자가 죽어야 한다고 생각하는 이유와
살아야 한다고 느끼는 이유에 대해 질문한다. 이 과정에서
인내심을 갖고 경청하며, 위험요인들을 확인하는 것이 중요
하다.

3) 지원하기(assist)

자살위기자와 함께 안전계획을 수립하고, 이를 실행할 수
있도록 격려한 후, 추후 관리 과정에서 안전계획이 제대로
이행되고 있는지 확인한다. 이 과정에서 자살위기자의 관심
사를 파악하고, 내적자원과 외적자원을 연결하는 데 중점을
둔다. 내적자원으로는 긴장완화 활동과 심리교육을 지원하
고, 외적자원으로는 가족, 친구, 상담가, 정신건강지원센터
등을 연계하여 지속적인 지지를 제공한다.

참고문헌

이홍식. 2008. *자살의 이해와 예방*. 학지사.
Caplan, G. 1964. *Principles of preventive psychiatry*.
James, R. K., Gilliland, B. E. 2016. *Crisis intervention strategies*.
　　　　Cengage Learning.
Ramsey, R. F., Tanney, B. L., Lang, W. A., Kinxel, T. 2004, *Suicide*

Intervention Handbook(10th ed.), Canada : LivingWorks.

Rodgers, P. L. 2010. *Review of the applied suicide intervention skills training program (ASIST): rationale, evaluation results, and directions for future research.* Calgary, Alberta, Canada: LivingWorks Education Incorporated.

제7장
자살 유서

자살 유서는 자신의 죽음에 대한 최소한의 성찰과 객관화를 나타낸다. 이에 유서에서 드러나는 자살의 소통성과 자살자가 처한 문제 상황에 대해 살펴본다.

1. 자살 유서를 쓰는 사람들

자살하는 사람은 유서를 통해 소통을 시도하며 누군가에게 자신의 이야기를 전한다. 자살 유서는 의도적인 과시 행위로, 드러내 보이기의 한 형태이다(Critchley, 2015).

> 소년은 종이에 무언가를 쓴 후, 자신의 셔츠에 핀으로 꽂았다. 그리고 거실에 있는 크리스마스트리 건너편 대들보에 밧줄로 목을 맸다. 그의 메모에는 '메리 크리스마스'라고 적혀 있었다. 그의 부모는 그 말을 잊을 수도, 이해할 수도 없었다(Jamison, 2000).

우리는 소년이 남긴 단 한 줄의 메모에서 죽음의 의미를 찾을 필요가 있다. 자살자를 이해할 수 있는 유일한 단서는 그가 남긴 유서이므로, 이를 통해 자살의 진상을 규명할 수 있기를 희망한다. 그러나 자살 연구의 권위자인 Shneidman (1998)은 자살자의 유서가 대부분 진부한 내용을 담고 있을 뿐, 죽음에 대한 깊은 견해는 포함하지 않는다고 주장한다.

자살하는 사람 중 실제로 유서를 남기는 경우는 많지 않으며, 자살 유서를 남기는 비율은 평균적으로 4명 중 1명 (25%)에 불과하다. 즉, 유서를 남기는 사람보다 남기지 않는 사람이 더 많다는 것이다. 대부분의 유서는 길이가 짧고, 자신의 시체 처리방법, 부모나 자녀에게 자신의 죽음에 대해 어떻게 이야기해달라는 바람, 그리고 자신의 재산을 어떻게 분배할지에 대한 내용을 담고 있다. 자살의 구체적인 이유에 대해서는 명확히 밝히지 않고, 삶의 고통이나 피로가 컸음을 암시하는 정도이다. 10대와 20대 연령층에서는 유서를 남기는 일이 흔하지 않지만, 가족들이 자신의 죽음에 대해 죄책감을 느끼지 않기를 바라는 내용을 남기기도 한다.

다음은 한 여성의 자살 유서이다. 이 유서에는 극복하지 못한 자신의 정신질환에 대한 괴로움이 담겨 있다. 심각한 고통과 위험을 초래하는 우울증, 조울병, 조현병 등 주요 정신질환은 치유과정을 거친 후에도 만성적인 고통에 시달리는 경우가 많다. 절망감, 수치심, 초조함과 더불어 가족, 친구, 그리고 자신의 사회적 경력에 미친 악영향에 대한 인식으로 인해 괴로움은 최고조에 이르게 된다.

> 다른 사람들이 이해할 수 있도록 설명할 수 있으면 좋겠다고 생각하곤 합니다. 하지만 말로 표현할 수 있을 것 같지 않습니다.
> 설명할 수 없는 절망감이 있습니다. 모든 것이 두렵습니다. 삶이 두렵습니다. 저의 내면은 아무것도 느끼지 못할

정도로 비어 있습니다. 제 안의 무언가가 이미 죽어버린 것 같습니다. 몇 개월 동안, 모든 존재가 제 안의 텅 빈 곳으로 끌려가고 있습니다.

모두 저에게 정말 잘 해 주셨습니다. 최선을 다해 간호해 주셨습니다. 가장 괴로운 것은 가족에게 상처를 주는 것입니다. 그리고 저의 죄책감이 사라지기를 바라며 저의 일부와 싸움을 벌이고 있습니다.

그러나 반짝이던 저의 삶의 빛은 이미 사라졌습니다. 좋아졌다고 말씀해 주시지만, 사실 저를 광기로 몰아가는 목소리가 저의 머릿속에서 점점 더 커지고 있습니다. 이제는 견딜 수가 없습니다. 뒤틀린 무언가가 제 몸과 정신을 지배해 버린 것 같습니다. 더는 싸울 힘이 없습니다. 누구에게도 상처를 주지 않고 사라질 수 있기만을 바랍니다. 죄송합니다.

조울병을 앓았던 버지니아 울프[3]는 남편에게 두 통의 유서를 남겼다. 그녀는 두 번째 유서에서 자신의 정신질환을 죽음의 원인으로 지적하고 있다.

사랑하는 당신에게.

---

3) 버지니아 울프(1882~1941)는 영국의 소설가 겸 비평가이다. 수차례 정신질환을 앓았으며 정신질환의 재발을 우려해 1941년 자살로 삶을 마감했다.

제게 완전한 행복을 준 사람이 당신이라는 사실을 말하고 싶습니다. 세상의 누구도 당신처럼 날 사랑해 줄 순 없을 거예요. 제가 그렇게 생각한다는 걸 믿어주기 바랍니다. 하지만 저는 알고 있습니다. 이번에는 이런 상태를 결코 극복할 수 없다는 걸 말이죠. 저는 당신의 삶을 헛되게 하고 있어요. 모든 것은 저의 이 광기 때문입니다. 누가 어떤 말을 하더라도 저를 설득할 수 없을 거예요. 당신은 능력 있는 사람입니다. 제가 없어야 당신의 능력을 펼칠 수 있을 거라는 생각이 듭니다. 보세요. 이 편지조차 제대로 쓰지 못하고 있어요. 저의 결정이 맞다는 증거겠지요. 제가 발병하기 전까지 우리는 완벽하게 행복했어요. 모두 당신 덕분입니다. 이 말을 하고 싶었어요. 당신을 처음 만난 날부터 지금까지, 당신은 정말 잘해줬어요. 이 세상이 다 알고 있습니다.

진짜 유서와 가짜 유서를 비교한 연구를 통해 자살자의 유서에 정형화된 특징이 있음이 발견되었다. 이 연구는 자살자와 나이와 성별이 같고 비슷한 사회적 배경을 가진 사람에게 자살을 가정하고 가짜 유서를 작성하게 한 후, 자살자의 유서와 비교하는 방식으로 진행되었다. 진짜 유서에는 재산의 분배와 보험금에 대한 지시가 구체적이고 상세하게 적혀 있었고, 자신의 행동으로 인해 남겨진 사람들의 고통과 괴로움에 대한 배려가 엿보였다. 또한, 자신의 정신적 고통을 표현하고 '사랑'이라는 단어가 자주 사용되었다. 반면, 가짜 유서에는 자살에 이르게 된 상황과 자신의 생각을 상세히 설명하며, 자살에 대해 완곡하게 표현하는 경향이 있었다.

2. 유서에 나타난 자살의 소통성

자살 유서는 자살의 소통성을 보여주는 핵심 자료이다. 자살자가 유서를 남기는 것은 자신의 죽음에 대해 최소한의 성찰을 했고, 이를 객관화했음을 나타낸다. 유서는 자살자가 남겨진 사람들에게 전달하고자 하는 선택된 메시지로, 능동적인 소통의 의지를 담고 있다.

박형민(2010)은 자살자가 자살이라는 구체적인 행위에 도달하기까지 '문제 상황'으로부터 실패와 좌절을 인식하는 '성찰의 과정'을 거친다고 설명하였다. 자살자들의 유서를 분석한 결과는 죽음의 결심 과정, 죽음과 자살에 대한 평가, 자신의 상황에 대한 해석, 자기 자신에 대한 평가, 그리고 자신의 삶에 대한 태도로 정리되었다.

1) 죽음의 결심 과정

죽음을 결심하는 과정은 죽음을 위한 준비 과정과 죽음에 대한 고민 과정으로 나눌 수 있다. 자살자들은 오랜 기간 죽음을 준비하는 과정을 보이며, 이는 다른 사람에게 주는 피해를 최소화하려는 방식이나 자신의 죽음을 다른 사람에게 각인시키려는 방식으로 표현되기도 한다. 죽음에 대한 고민 과정은 자살자의 선택이 즉흥적인 것이 아니라 오랜 숙고의 시간을 거친 것임을 의미한다.

2) 죽음과 자살에 대한 평가

죽음은 무서운 것이고 피하고 싶지만, 자살이 자신의 상황에서 최선의 선택이라고 생각하는 경우가 많다. 따라서 자살자들은 다른 사람들보다 조금 먼저 죽는 것이라 스스로를 위안하며, 죽음을 선택할 수 있는 것이 행복이라고 표현하기도 한다.

죽음이 부정적으로 인식되기 때문에 자살 또한 부정적으로 인식된다. 자살은 도덕적으로 나쁜 행동으로 간주되어 남겨진 가족에게 상처를 주는 비겁한 행동, 몹쓸 행동, 이기적인 행동, 바보 같은 행동으로 여겨진다. 자살자들은 자신의 자살로 인해 가족이 죄인으로 여겨질 수 있고, 경제적인 불이익 등 피해를 초래할 수 있다고 느끼며, 자신의 선택이 비난

받는 행동이라는 것을 안타까워하기도 한다. 따라서 이들은 자살에 대한 사회적인 인식이 변화하기를 소망한다.

3) 자신의 상황에 대한 해석

자신의 상황에 대한 해석은 다음과 같이 표현된다.

- 경제적 문제 상황: 빈곤, 빚, 사업실패 등
- 신체적 문제 상황: 장애, 발병, 지병 등
- 심리적 문제 상황: 우울증, 정신질환, 열등감, 외로움 등
- 관계적 문제 상황: 갈등, 배신, 상실, 학대, 무시 등

4) 자기 자신에 대한 평가

자살자는 자신을 소외되고 무가치한 존재로 인식하며, 자신의 삶을 실패한 것으로 평가한다. 세상에서 살아갈 자격이 없는 사람으로 여기고, 버림받은 존재라고 인식하여 자신이 죽더라도 슬퍼할 사람이 없는 존재로 규정한다. 이는 자신의 인생 전체를 부정하는 모습으로 나타난다. 또한, 실패의 원인을 자신의 무능력으로 돌리며, 자신을 무능한 존재이자 살아야 할 가치가 없는 존재, 사회에 불필요한 존재, 신이 실수로 잘못 보낸 존재로 규정한다.

5) 자신의 삶에 대한 태도

자신의 삶에 대한 태도는 문제 상황 속에서 고통받는 자신의 인생을 부정하는 '삶 전체의 가치 부정'으로 나타난다. 심지어 자신의 삶뿐만 아니라 다른 사람들의 인생을 포함한 일반적인 삶의 가치를 부정하는 '삶 일반의 가치 부정'도 드러난다. 이들은 자신이 겪고 있는 문제 상황이 자신의 책임이라고 자책하기도 한다.

3. 유서에 나타난 자살자의 문제 상황

자살을 결심하고 실행에 옮기기 직전에 남긴 유서는 다양한 형태로 작성된다. 자살행동을 앞두고 일기 형식의 긴 글을 남기기도 하고, 뒷일을 부탁하는 한 줄의 글만 남기기도 한다. 유서를 통해 자살의 이유를 명확히 알아낼 수는 없지만, 자살을 실행할 당시의 상황과 자살자가 경험한 문제 상황에 대한 단서는 찾을 수 있다. 김지연(2017)은 154개의 유서를 분석하여 자살자가 인식한 문제 상황을 신체적 위기, 심리적 위기, 관계적 위기, 경제적 위기로 구분하였다.

1) 신체적 위기

육체적 또는 정신적 질병이나 고통에 대한 내용은 전체 유서의 25%를 차지하였다. 유서의 구체적인 내용으로는 장기적인 지병으로 인한 고통 호소, 새로운 질병의 발생, 참을 수 없는 통증 호소, 장애로 인한 문제, 그리고 말기암과 같은 시한부 상황 등이 포함되었다. 신체적 위기를 호소하는 경우는 청장년층보다 50대 이상의 중년층이나 노년층에서 상대적으로 더 많았다.

2) 심리적 위기

심리적 위기는 우울, 절망, 외로움, 불안, 죄책감, 압박감, 무기력함 등의 심리적 고통으로 나타났다. 이러한 심리적 고통은 정신질환이나 약물중독과 같은 원인으로 발생하기도 하지만, 경제적 위기, 신체적 위기, 관계적 위기의 결과로 나타나는 경우가 많았다. 심리적 위기를 나타내는 유서는 전체 유서의 60%를 차지하였다.

3) 관계적 위기

감정적 연결의 단절이나 중요한 관계의 파탄으로서 실연, 이혼, 외도, 사별과 같은 위기가 포함되었다. 가족이나 연인 관계 외에도 학교와 직장과 같은 사회적 집단에서 나타나는 따돌림, 갈등, 폭행, 부적응 등의 문제로 인해 막연한 감정적 단절감과 사회적 고립감이 드러났다. 관계적 위기를 나타내는 유서는 전체 유서의 77%에 해당하였다.

4) 경제적 위기

유서에 나타난 경제적 위기에는 사업실패로 인한 파산, 카드 또는 대출에 의한 빚, 실직으로 인한 생활의 불안정, 생활고, 빚보증, 사기를 당하거나 주식투자 실패로 인한 재산 탕진 등이 포함되었다. 경제적 문제를 나타내는 유서의 비율은 55%였다.

위기를 더욱 악화시키는 것은 문제 상황에 대처할 수 있는 전략의 부재이다. 직면한 문제 상황이나 스트레스를 해결할 방법을 찾지 못하면 위기의식은 더욱 커질 수밖에 없으며, 대부분의 자살자는 이러한 위기를 직시하고 적절한 대처방안을 찾지 못했음을 알 수 있다.

참고문헌

김지연. 2017. 자살에 대한 통합력 이론의 접근: 유서내용의 분석을 중심으로. *영어권문화연구*, 10(3): 37-60.

박형민. 2010. *자살, 차악의 선택: 자살의 성찰성과소통 지향성*. 이학사.

Critchley, S. 2015. *Notes on suicide*. Fitzcarraldo editions.

Jamison, K. R. 2000. *Night falls fast: Understanding suicide*. Vintage.

Shneidman, E. S. 1998. *The suicidal mind*. Oxford University Press, USA.

제8장
해외의 자살예방대책

전 세계 25개국 이상이 자살을 효과적으로 예방하기 위해 국가적 전략을 수립하여 시행하고 있다. 이 중 핀란드, 일본, 호주, 미국의 자살예방대책에 대해 살펴본다.

세계보건기구(WHO, 2020)의 발표에 따르면, 매년 70만 명이 넘는 사람들이 자살로 사망하고 있다. 2019년에는 전 세계 사망자의 1.3%가 자살로 사망하였으며, 이 중 77%는 저소득 또는 중간소득 국가에서 발생하였다. WHO(2012)에서는 인류의 정신건강을 위하여 자살을 해결해야 할 주요 문제로 규정하였고, 경제협력개발기구(OECD)는 회원국들의 보건지표 중 하나로 매년 자살사망률을 발표하고 있다.

UN에서는 1996년 《자살예방: 국가전략의 수립과 시행을 위한 가이드라인(Prevention of Suicide: Guidelines for the formulation and implementation of national strategies)》을 발간하여 포괄적 관점의 자살예방 국가전략 수립을 위한 지침을 제공하였다. 이후, 영국, 노르웨이, 핀란드, 뉴질랜드, 호주, 미국, 스웨덴 등 25개국 이상이 자살예방 국가전략을 수립하고 추진하였으며, 이러한 전략들이 실제로 자살률 감소에 효과적이었다고 보고되었다(Matsubayashi & Ueda, 2011).

WHO(2012)의 「자살예방을 위한 공중보건의 실천적 프레임워크」에서는 자살예방 국가전략을 효율적으로 개발하기 위한 가이드라인으로 다음의 5가지 핵심적인 구성요소를 제안하였다.

① 명확한 목표: 목표는 명확하고 구체적으로 서술되어야

하며, 장단기 목표, 재정적·인적 자원, 추진 일정의 세 가지 세부 구성요소로 구성되어야 한다.

② 위험요인과 보호요인 파악: 자살의 위험요인과 보호요인을 개인, 사회, 문화, 환경의 차원에서 파악하고, 이를 통해 자살위험군 또는 전략의 중점 대상을 선정할 수 있어야 한다.

③ 효과적인 개입: 근거에 기반하여 적절한 유형의 개입을 제시해야 한다.

④ 집계 시스템 개선 및 연구수행: 자살에 관한 정확한 데이터를 수집하기 위한 집계 시스템을 구축하고, 연구 조사내용을 포함해야 한다.

⑤ 모니터링 및 평가: 다양한 개입의 효과성을 평가하기 위한 모니터링 및 평가 체계를 제공해야 한다.

1. 핀란드

핀란드의 자살률은 1990년 인구 10만 명당 30.2명으로 역사상 최악의 수치를 기록했으나, 2020년에는 12.9명으로 크게 감소하였다(OECD, 2022). 이는 핀란드가 1986년부터 1996년까지 10년간 전국적으로 시행한 '자살예방 프로젝트'(티모,

2018) 덕분이며, 핀란드의 자살률 감소는 이를 계획하고 실행한 시점부터 시작되었다.

핀란드는 자살예방 프로젝트에 앞서 자살과 관련된 여러 활동을 이미 수행하고 있었다. 먼저, 핀란드 의회는 자살현황을 파악했고, 국가보건정책위원회는 자살로 인한 사망을 집중적으로 논의하여 이를 보고서로 작성하였다. 이후 보건복지부 장관은 자살예방 프로젝트를 추진하기로 결정하고 관련 전문가 세미나를 개최했으며, 2년간의 사전준비를 거친 후 1986년 자살예방 프로젝트를 공식적으로 출범시켰다.

핀란드의 자살예방 프로젝트는 두 단계로 진행되었다. 첫 번째 단계(1986~1991년)는 연구 단계로, 핀란드의 자살상황을 분석하고 자살과정에 대한 심도 있는 연구가 수행되었다. 이 과정에서 1987년 4월부터 1988년 3월까지 총 1,397건의 자살사망에 대해 심리적 부검(psychological autopsy)[4]을 통한 전수조사가 이루어졌다. 이 조사 결과를 통해 각 사례에 대한 모든 정보를 수집할 수 있었고, 이를 바탕으로 일곱 개의 자살 예방 핵심지침(표 3)이 마련되었다.

---

4) 심리적 부검(psychological autopsy)이란 자살사망자의 주변 사람들을 인터뷰하여 유전성 질환의 유무, 자살 당시 심리사회적 스트레스, 심리적 특성, 평소 성격 등을 진단함으로써 자살의 원인과 경로를 추적하는 방법이다.

두 번째 단계(1992~1996년)는 실행 단계로, 연구 단계에서 준비된 핵심지침과 데이터를 바탕으로 자살예방 프로젝트가 본격적으로 실행되었다. 실행 효과를 극대화하기 위해 구체적인 실행 지침들이 개발되었고, 전문가 훈련 및 평생교육 프로그램이 마련되는 등 전문가들의 역량을 향상시키기 위한 다양한 노력이 이루어졌다.

[표 3] 자살예방 핵심지침

1. 자살시도자에 대한 지원과 치료방법을 개발한다.
2. 중증 우울증 환자를 위한 돌봄서비스를 개선한다.
3. 문제해결을 위해 알코올 남용을 방지한다.
4. 정신장애를 유발하는 신체질환의 치료를 위한 심리사회적 지원을 강화한다.
5. 삶의 위기에 처한 사람들이 서로를 돕고 전문가의 지원을 받을 수 있도록 장려한다.
6. 청년층의 소외를 예방하고 삶의 어려움을 해결할 수 있도록 돕는다.
7. 사람들이 삶에 대한 믿음, 열정, 확신, 인내, 그리고 서로 돕는 마음을 갖도록 격려한다.

2. 일본

일본은 자살사망자가 1997년 24,391명에서 1998년 32,863명으로 급증하였고, 국가적 차원의 포괄적 자살예방대책을 마련하기 위해 2006년에 「자살대책기본법」을 제정 및 시행하였다(양정연, 2023). 이 법의 기본 이념은 자살대책이 보건, 의료, 복지, 교육, 노동 등의 관련 시책과 유기적으로 연계되어 종합적으로 실시되어야 한다는 점을 강조하고 있다. 2007년에는 내각부에 자살대책추진실을, 국립정신신경센터 정신보건연구소에는 자살예방 종합대책센터를 설치하고 제1차 자살예방 종합대책을 수립하였다.

2012년에는 제2차 자살예방 종합대책을 수립하였고, 2016년에는 「자살예방기본법」을 개정하였다. 개정된 법에서는 자살예방 종합대책을 추진하는 소관 부처를 내각부에서 후생노동성으로 변경하고, 지역 자살대책 강화를 위한 교부금을 마련하여 각 지역에 배부하였다. 일본의 자살대책은 각 지역에서 지방자치단체와 관련 기관 간의 연계를 강조한다. 국가는 종합적인 자살대책을 수립하고 실행하는 반면, 지방 공공단체는 지역 상황에 맞게 사업을 실시하고 그에 대한 책임을 진다.

지역에서 실시되는 자살대책은 일본의 도도부현 및 시정촌을 자살의 특성에 따라 유형화하여 각각의 유형에 맞는 정책을 실시하고, 사업의 성과를 분석한 뒤 결과에 따라 정책을 개선하는 방식으로 이루어진다. 즉, 지역의 자살상황과 자료 분석을 바탕으로 계획(plan), 실행(do), 평가(check), 개선(act)

의 과정을 통해 자살대책이 효과적으로 실행되도록 하고
있다.

일본 「자살예방기본법」의 주요 이념은 다음과 같다(표 4).

[표 4] 일본 「자살예방기본법」의 주요 이념

・자살대책은 자살을 개인의 문제로 치부하지 않고, 다양한 사회적 요인이 원인임을 인식하여 사회적 문제로서 대응해야 한다.
・자살대책은 자살의 원인이 다양하고 복잡하다는 사실에 기반하여 정신보건적 관점 이외의 자살실태를 파악하여 실시해야 한다.
・자살대책은 자살의 사전예방, 위기대응, 자살행동 이후 사후대응 등 각 단계에 맞춘 효과적인 시책을 마련하고 실시해야 한다.
・자살대책은 국가, 지방 공공기관, 의료기관, 기업, 학교, 민간단체, 기타 관련 기관이 긴밀하게 연계하여 실시해야 한다.

3. 호주

호주는 자살예방을 위해 포괄적인 국가전략 체계를 갖춘
나라 중 하나이다. 1989년 청소년자살 자문위원회를 설립하
였고, 1992년에는 자살예방대책을 수립하기 위해 대책기구를
설립하였다. 호주의 LIFE(Life Is For Everybody)는 국가 차원
에서 자살과 자해를 예방하기 위해 전략적으로 실시한 행동
강령이다(용효중 외, 2008).

호주의 자살예방대책은 다음과 같은 일곱 가지 추진 원칙을 가지고 있으며(① 책임의 공유, ② 다양한 접근, ③ 근거기반 접근, ④ 포괄적 참여, ⑤ 접근성, ⑥ 서비스의 지속성, ⑦ 평가 수반), 주요 대상은 우울증이나 복합적인 정신질환을 가진 정신질환자, 가정 문제나 신체 및 성적 학대 경력을 가진 청년층, 무직자, 노숙자, 그리고 알코올 사용장애를 가진 노인층 등이다.

호주의 자살예방대책 추진체제는 중앙정부, 주정부, 지방정부로 나눌 수 있다. 중앙정부는 국가자살예방전략, 국가청년자살예방전략, 국가정신건강전략 등 자살 관련 전략을 수립하여 통합적으로 운영하며, LIFE 프레임워크를 개발하고 실행한다. 주정부는 주 단위의 자살예방전략을 수립하고, 국가자살예방자문위원회를 통해 자살예방사업에 참여하며, 자살예방을 위한 공공보건 및 복지서비스를 조정하고 예산을 배정한다. 지방정부는 지역사회를 기반으로 대책을 수립하고, 지역사회의 다양한 집단활동을 지원하는 역할을 수행한다.

4. 미국

미국 정부는 2001년 '자살예방 국가전략(NSSP, National

Strategy for Suicide Prevention)'을 수립하고, 기관, 집단, 개인
들의 공조와 협력을 통해 자살예방을 추진하고 있다(김서현,
임혜림, 2012). NSSP는 자살예방 서비스를 제공하는 주체별
로 상황에 맞게 목표나 활동을 선택할 수 있도록 하며, 특히
정부, 기업체, 학교, 지역사회단체, 종교단체 등 다양한 직종
의 전문가들에게 자살예방을 위한 구체적인 역할을 제시하
고 있다. NSSP는 11개 과제와 68개 세부 과제로 구성되어 있
으며, 2012년에 수정 및 보완하여 '2012 National Strategy for
Suicide Prevention'을 발표하였다.

　　NSSP의 추진체제는 공공기관과 민간기관으로 나뉘며, 이
들은 서로 공조하여 전략적으로 자살예방사업을 수행하고,
서로 다른 욕구를 가진 대상자에게 구체적이고 세부적인 자
살예방 서비스를 제공한다. 주요 공공기관으로는 보건복지
부(DHHS), 질병통제 및 예방센터(CDC), 보건자원 및 서비스
관리부(HRSA), 원주민 보건서비스(IHS), 약물남용 및 정신보
건서비스 관리부(SAMHSA) 등이 있다. 또한, 보건복지부가
전담하고 있는 자살위기 대응 콜센터인 국가자살예방 생명
선(National Suicide Prevention Lifeline)은 자살위험에 처한 사
람들을 위해 24시간 긴급 전화상담 서비스를 제공하고 있다.

　　공공기관과 민간기관이 연계하여 활동하는 기관으로는
자살예방지원센터(SPRC, Suicide Prevention Resource Center)

와 자살예방지지연합(SPAN, The Suicide Prevention Advocacy Network) 등이 있다. SPRC는 자살예방 프로그램을 통해 자살 위험군에 대한 개입과 자살예방정책을 개발하는 개인 및 기관을 지원하기 위해 다양한 자원을 제공하고 있다. SPAN은 공중보건단체와 정신보건기관들의 협력으로 운영되며, 자살 예방을 위한 국가 전략을 위해 공공과 민간 영역이 연계하여 활동하는 대표적인 기관이다.

자살예방을 위해 공공과 민간 영역이 적극적으로 협력하여 정책을 추진하는 것은 자살행동을 국가가 해결해야 할 시급한 문제로 인식하고, 실효성 있는 전략 추진과 효과적인 정책 목표 달성을 추구하는 미국 정부의 방침과 관련이 있다. 또한, 민간 단체들이 공공 영역의 정책을 적극적으로 지지하고 후원하는 것도 미국 자살예방 활동의 중요한 특징 중 하나이다.

참고문헌

김서현, 임혜림. 2012. 미국과 영국의 공공영역 자살예방 주요 정책과 운영체계 연구-한국 자살예방정책 운영에의 함의 도출을 중심으로. *정신보건-서울시정신건강증진센터*, 3(1): 48-56.

양정연. 2023. 코로나 상황에서의 일본 자살대책에 대한 비판적

검토. *원불교사상과종교문화*, 96: 309-337.

용효중, 오정민, 정희, 김수정, 서동우, 한오수, 홍진표. 2008. 영국, 일본, 호주의 자살예방대책 고찰과 한국에 적용시 시사점. *사회정신의학*, 13(2): 73-79.

티모. 2018. 핀란드 자살예방프로젝트에 대한 평가와 함의. *국제사회보장리뷰*, 2018(봄): 5-15.

Matsubayashi, T., Ueda, M. 2011. The Effect of National Suicide Prevention Programs on Suicide Rates in 21 OECD Nations. *Social Science & Medicine*, 73: pp.1395-1400.

WHO 2012. *Public health action for the prevention of suicide: a framework*.

WHO 2020. WHO Global health estimates: leading causes of death. Geneva: World Health Organization (https://www.who.int/data/gho/data/themes/mortality-and-global-health-estimates/ghe-leading-causes-of-death, accessed 1 September 2022).

제9장
우리나라의 자살예방대책

우리나라의 높은 자살률은 심각한 사회문제로 인식되어, 이를 해결하기 위해 국가 차원에서 자살예방대책을 마련하고 자살률 감소를 위해 노력하고 있다. 이에 2004년부터 시행된 우리나라의 자살예방대책에 대해 살펴본다.

2022년 통계청 사망원인통계에 따르면, 우리나라의 자살률은 인구 10만 명당 25.2명(연간 자살사망자 12,906명)으로 하루 평균 약 35.4명이 자살로 사망하고 있다(통계청, 2023). 이는 2020년 OECD 회원국의 평균 자살률이 10만 명당 11.1명인 것을 감안할 때, 우리나라의 자살 문제가 매우 심각하다는 것을 보여준다.

우리나라는 1990년대 후반부터 자살률이 급격히 증가하면서 자살이 심각한 사회문제가 되었다. 이에 따라 정부는 자살문제의 심각성을 인식하고, 자살률 감소를 목표로 자살에 영향을 미치는 다양한 요인을 분석하여 대응책을 마련하기 시작하였다. 2004년부터는 「자살예방대책 기본계획」을 수립하여 자살예방을 위한 정책을 추진하였고, 이를 더욱 효과적으로 시행하기 위해 「자살예방법」(자살예방 및 생명존중문화 조성을 위한 법률)을 제정하여 이를 기반으로 5년마다 기본계획을 수립하여 자살예방대책을 지속적으로 추진하고 있다(표 5).

[표 5] 우리나라의 자살예방대책 추진 경과

연도	내용
2004	제1차 국가자살예방 5개년 기본계획(2004~2008)
2008	제2차 자살예방 종합대책(2009~2013)
2011	자살예방 및 생명존중문화 조성을 위한 법률 제정(2011.3.30.)
2016	제3차 자살예방 기본계획(2016~2020)
2017	정부 100대 국정 과제에 자살예방대책 포함
2018	자살예방 국가행동계획(2018~2022): 제4차 자살예방 기본계획
2023	제5차 자살예방 기본계획(2023~2027)

1차부터 4차에 걸친 우리나라 자살예방대책의 주요 추진 과제는 다음과 같다(한국생명존중희망재단, 2023).

제1차(2004~2008년)

1. 생명존중 문화조성
2. 언론의 자살보도 권고지침 보급 및 모니터링
3. 청소년 정신건강증진 및 자살예방
4. 노인 정신건강증진 및 자살예방
5. 우울증 및 자살 위험자 조기발견 상담체계 구축
6. 자살예방 등 정신건강상담 전화 운영
7. 자살예방 인터넷 상담 운영
8. 자살 시도자 치료 및 사후관리

9. 자살 감시체계 구축

10. 교육 훈련

11. 자살예방에 대한 연구 지원

12. 자살관련통계의 품질개선방안

제2차(2009~2013년)

1. 자살에 대한 국민의 인식을 개선한다.

2. 자살위험에 대한 개인·사회적 대응 역량을 강화한다.

3. 자살에 치명적인 방법과 수단에 대한 접근성을 감소시
   킨다.

4. 자살에 대한 대중매체의 책임을 강화한다.

5. 자살 고위험군에 대한 정신보건서비스를 강화한다.

6. 지역사회 기반의 다양한 자살예방 인력에 대한 교육체
   계를 강화한다.

7. 자살예방을 위한 법과 제도적 기반을 조성한다.

8. 자살예방 서비스 제공을 위한 인프라 구축을 적정화한다.

9. 자살예방을 위한 연구·감시체계를 구축한다.

10. 근거에 기반을 둔 자살예방정책을 개발한다.

제3차(2016~2020년)

1. 범사회적 자살예방환경 조성

정책과제 1. 자살 관련 사회인식 개선

정책과제 2. 자살예방을 위한 사회적 지지체계 마련

정책과제 3. 자살위험 환경 개선

2. 맞춤형 자살예방 서비스 제공

정책과제 4. 생애주기별 자살예방 대책 추진

정책과제 5. 자살 고위험군 지지체계 강화

정책과제 6. 자살 위기대응 및 사후관리체계 마련

3. 자살예방정책 추진기반 강화

정책과제 7. 지역사회 자살 대응 역량 강화

정책과제 8. 정신건강 인프라 확충

정책과제 9. 생명지킴이(게이트키퍼) 교육 등 자살예
방 인력 확충

정책과제 10. 근거 기반 자살예방 연구체계 마련

제4차(2018~2022년)

1. (자살원인) 과학적 근거에 기반한 전략적 접근

추진과제 1. 5년간(2012~2016) 발생한 자살사망자 7만
명 전수조사

추진과제 2. 국가 자살동향 감시체계 구축

추진과제 3. 근거기반 자살예방 정책 추진을 위한 지자
체 지원

추진과제 4. 효과성 높은 자살예방 프로그램 확산

2. (자살고위험군 발굴) 자살고위험군 발굴을 위한 전사
회적 네트워크 구축

추진과제 4. 자살예방 게이트키퍼 양성으로 자살에 대
한 국민 민감도 제고

추진과제 5. 사회보장서비스 제공기관 간 연계강화를
통한 자살고위험군 발굴

추진과제 6. 우울증 검진 및 스크리닝 강화

3. (적극적 개입·관리) 적극적 개입·관리를 통한 자살위
험 제거

추진과제 7. 자살고위험군에 대한 빈틈없는 지원체계
구축

추진과제 8. 지역사회 정신건강서비스에 대한 접근성
강화

추진과제 9. 자살촉발 위험요인 제거

4. (사후관리·지원) 사후관리 강화를 통한 자살확산
예방

추진과제 10. 자살시도자 사후관리 강화

추진과제 11. 자살이 되풀이되지 않도록 자살유가족
지원 강화

추진과제 12. 유명인 자살사건 대응체계 구축

5. (대상별 예방정책) 대상별 자살예방 추진
   추진과제 13. 근로자 및 실직자 자살예방
   추진과제 14. 자살위험이 특히 높은 집단에 대한 고려
              강화
   추진과제 15. 연령별 자살예방 대책 추진
6. 추진기반 마련
   추진과제 16. 중앙차원의 자살예방정책 체계 정비
   추진과제 17. 자살예방 홍보 및 캠페인

2004년부터 현재까지 지속적으로 추진되고 있는 우리나라의 자살예방대책은 거버넌스 정비, 인프라 강화, 범부처 협력을 공통적으로 강조해 왔다. 2018년에는 보건복지부에 자살예방정책과가 신설되었고, 같은 해 국무조정실 내에 생명안전지킴이 추진단이 설치되었다. 2019년에는 국무총리를 위원장으로 하고, 12개 부처 및 청과 관련 전문가들이 참여하는 자살예방정책위원회가 신설되어 부처 간 협력과 성과 모니터링 체계가 마련되었다. 이와 같은 노력들은 자살예방대책의 효과적인 이행과 조율을 위한 거버넌스 구축의 일환으로 이루어진 것이다.

하지만, 이러한 노력에도 불구하고 우리나라의 자살률은 여전히 OECD 국가 중 1위를 유지하고 있어 기존 자살예방대

책의 한계와 문제점을 재검토할 필요성이 제기되었다. 전진아 외(2022)는 보건복지부, 한국생명존중희망재단, 지역 자살예방사업 실무자, 학계 전문가, 유족 등이 참여한 원데이 세미나를 통해 국가 단위 자살예방대책(1차~4차)의 문제점을 논의하였고, 그 결과 총 14개의 문제점과 개선 아이디어를 도출하였다(표 6).

[표 6] 우리나라 기존 자살예방대책(1차~4차)의 문제점

	문제점
1	기반 없는 과제 나열식 진행
2	정책 참여 주체 간 소통 부재
3	부처 간 협력 부족
4	자살에 대한 잘못된 인식 묵인
5	데이터를 활용한 정책 환류 미흡
6	안정적인 전문가 지원체계 부족
7	인프라 투자 부족
8	자살을 조장하는 뉴미디어에 대한 관리 부재
9	기관장의 관심 부족
10	포괄적 자살예방의 개념 부족
11	지역 차원의 전략 부족
12	선제적 개입 미흡
13	홍보 부족
14	생명존중 문화 조성 실패

제5차 자살예방 기본계획은 기존 자살예방대책의 문제점을 인식하고, 다양한 이해관계자들의 논의를 거쳐 2023년 4월에 발표되었다(관계부처 합동, 2023). 이 계획의 비전은 '자살로부터 안전한 사회 구현'이며, 2027년까지 인구 10만 명당 자살률을 18.2명으로 감소시키는 것을 목표로 하고 있다. 또한, 지역 맞춤형 자살예방 정책을 강화하고, 자살 고위험군에 대한 지원을 확대하는 것을 주요 목표로 제시하고 있다(그림 1).

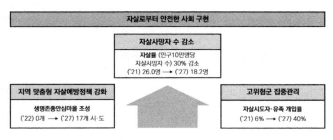

자료: 관계부처 합동. 2023. *제5차 자살예방 기본계획('23~'27)(안)*. p.12. 일부를 발췌함.

[그림 1] 제5차 자살예방 기본계획의 비전·목표 및 추진 전략

제5차 자살예방 기본계획은 5대 추진전략과 15개 핵심과제를 제시하며, 이를 구체화한 총 92개의 세부과제도 포함하고 있다(그림 2). 이 계획은 다양한 대상을 위한 포괄적인 정책을 제시함으로써 자살예방의 효과를 극대화하는 것을 목

표로 하고 있다. 궁극적으로, 제5차 자살예방 기본계획의 실현이 실질적인 자살사망률 감소로 이어지기를 기대한다.

추진전략	① 생명안전망 구축	② 자살위험요인 감소	③ 사후관리 강화	④ 대상자 맞춤형 자살예방
단계별	환경개선	발굴, 개입, 치료, 관리	회복지원·자살 확산 예방	전주기
대상별	전국민	정신건강위험군	자살시도자·자살유족	전국민
핵심과제	1. 지역맞춤형 자살예방 2. 생명존중문화 확산 3. 정신건강 검진체계 확대 개편	1. 치료 및 관리강화 2. 위험요인 관리강화 3. 재난 후 대응체계 강화	1. 자살시도자 사후관리 2. 유족 사후관리 3. 사후 대응체계 구축	1. 경제위기군 맞춤형 지원 2. 정신건강위험군 맞춤형 지원 3. 생애주기별·생활터별 맞춤형 지원
추진전략	⑤ 효율적 자살예방 추진기반 강화			
핵심과제	1. 자살예방 정책 근거기반 마련 2. 정책추진 거버넌스 재정비 3. 자살예방 인프라 강화			

자료: 관계부처 합동. 2023. *제5차 자살예방 기본계획('23~'27)(안)*. p. 12. 일부를 발췌함.

[그림 2] 제5차 자살예방 기본계획의 5대 추진 전략 및 15개 핵심 과제

참고문헌

관계부처 합동. 2023. *제5차 자살예방 기본계획('23~'27)(안)*.
전진아, 김동진, 고든솔, 하솔잎, 이수빈, 현유림, 김성철. 2022. *제5차 자살예방기본계획('23-'27) 수립 연구*. 세종: 보건복지부·한국보건사회연구원.
통계청. 2023. *2022년 사망원인통계*.
한국생명존중희망재단. 2023. *2023 자살예방백서*.

제10장
생명존중과 자살예방사업

생명존중을 실천하고 자살예방을 위한 다양한 사업과 활동이 전개되고 있다. 이에 자살예방 활동 사례와 지방자치단체의 자살예방사업 사례 중 일부를 살펴본다.

1. 생명존중

대통령 소속 국가생명윤리심의위원회가 2016년에 발표한 「생명존중을 위한 선언문」에서는 생명존중을 위한 4가지 핵심적 가치를 다음과 같이 설명하고 있다.

① 생명의 책임성: 생명은 우리가 받은 최고의 선물이다. 이 소중한 선물을 귀하게 여기고 존중해야 할 일차적 책임은 바로 우리 자신에게 있다.

② 생명의 평등성: 인간의 생명은 평등하다. 개개인의 다름은 생명 간의 우열을 의미하는 것이 아니므로 사회경제적, 문화적 불평등을 해소해야 한다.

③ 생명의 안전성: 평화로운 삶은 인간의 생명이 안전할 때 가능하다. 안전한 삶을 위해 생명을 위협하는 요소들을 제거해야 한다.

④ 생명의 관계성: 인간의 생명은 홀로 존재할 수 없다. 생명은 서로 돕고 격려하며 배려하고 나누는 삶 속에서 더욱 성장하고 풍성해진다.

그리고 생명존중의 핵심적 가치를 구현하기 위한 개인, 가정, 사회, 국가의 실천 방안을 다음과 같이 제안하고 있다.

- 자신의 생명을 소중하게 여기고, 좋은 생활습관으로 건강한 삶을 유지하려고 노력해야 한다.
- 다른 사람의 생명을 소중하게 여기고 그 삶을 존중해야 하며, 특히 사회적 약자의 삶을 배려해야 한다.
- 가정에서 서로에게 모범을 보이는 말과 행동으로 생명존중을 실천해야 한다.
- 학교에서 인간의 생명이 가치 있고, 존중받아야 한다는 것을 경험할 수 있도록 교육하고 실천해야 한다.
- 직장에서 안전하고 쾌적한 환경을 제공받아야 하며, 더불어 삶을 통해 조화롭게 성장해야 한다.
- 국가는 국민의 건강과 생명을 보호하기 위해 이를 위협하는 사회환경적 요소들을 제거하고 안전한 삶을 보장해야 한다.

생명존중 의식을 고양하기 위해 국가 차원에서 핵심적 가치와 실천 방안을 제안한 것은 의미 있는 일이다. 그러나 생명의 범주가 인간에게만 국한되어 있어 인간중심적 생명존중에 치우쳐 있다는 점은 아쉽다.

인간은 생태계 내에서 다른 생명체들과 조화를 이루며 살아가야 한다. 따라서, 생명의 존엄성에 대한 국가의 비전을 인간과 동식물을 포함한 모든 생명체로 확대하고, 생명에 대한 인식을 확장하며 생명존중 교육에 힘쓸 필요가 있다.

우리나라의 민·관 단체들은 생명존중을 실천하고 자살예방을 위해 다양한 사업과 활동을 전개하고 있다. 2018년에는 「자살예방 국가행동계획」에 따라 자살문제 해결을 위해 정부와 사회 전 분야의 협력을 통한 생명존중문화 조성이 필요하다는 인식에서 '생명존중정책 민·관 협의회'가 발족되었다.

2. 자살예방 활동 사례

한국생명존중희망재단(2021a)에서는 자살예방을 위한 다양한 사례들을 체계적으로 정리하여 지역별 맞춤형 자살예방대책 수립에 참고할 수 있도록 하고 있다. 이 사례들은 크게 장소개입, 수단통제, 원인개입, 인식개선·문화조성·교육 등 네 가지로 분류되며, 각 분류별로 다음과 같은 사례들이 포함된다.

1) 마포대교 난간 설치와 쉼터 지붕 철거
서울의 마포대교는 투신자살이 가장 많이 발생하는 다리

로 알려져 있다. 이에 서울시는 마포대교의 투신을 감소시키기 위한 다양한 대책을 마련해 왔다. 2011년, 생명보험사회공헌재단과 한국생명의전화는 마포대교를 포함한 한강의 여러 다리에 'SOS 생명의 전화'를 설치하였고, 비상벨이 울리면 119구조대가 출동하는 시스템을 구축하였다. 하지만 이러한 노력에도 불구하고 자살행동이 빈번하게 발생하여 실효성 있는 대책 마련이 시급하였다.

2016년, 마포대교의 기존 1.5m 높이의 난간 위에 와이어와 롤러를 이용한 1m 높이의 추가 난간을 설치한 결과, 자살 시도자가 감소한 것으로 보고되었다.

또한, 마포대교 쉼터는 2009년 보행자를 위한 공간으로 설치되었으나, 본래 목적과는 달리 지붕으로 올라가 투신하는 사례가 발생하자 2018년에 쉼터 지붕을 철거하는 조치를 취하게 되었다.

2) 번개탄 판매자 교육 및 캠페인

번개탄은 다양한 판매처에서 쉽게 구할 수 있으며, 특히 유명 연예인의 번개탄 자살사건 보도 이후 대중에게 자살수단으로 널리 알려졌다. 번개탄을 이용한 자살사례가 급증함에 따라, 이를 예방하기 위한 전국적인 캠페인인 '생명사랑 실천가게' 사업이 시행되었다. 이 캠페인은 번개탄을 자살수단으로 사용하는 것에 대한 심리적 저항감을 높이고, 구매 과정을 어렵게 하여 번개탄의 자살수단으로서의 접근성을 효과적으로 낮추는 결과를 가져왔다.

3) 서민금융통합지원센터와 찾아가는 상담 서비스

서민금융통합지원센터 이용자는 경제적 문제에 따른 우울, 스트레스 등의 심리적 어려움이 동반될 가능성이 크기 때문에 이에 대한 조기 개입 및 홍보사업의 필요성이 제기되었다.

대구시 중구정신건강복지센터는 서민금융지원센터와 연계하여 고위험군을 조기 선별하고 연계를 강화하였다. 정신건강 선별검사 참여자들은 대부분 40~50대 중장년층이었으며, 검사 결과의 80%가 고위험군으로 자살예방 개입이 시급하였다. 센터는 정신건강 관련 정보를 제공하고 지속적인 상담 서비스를 안내하였다.

4) 청소년 자살예방 캠페인 '다 들어줄 개'

청소년모바일상담센터는 청소년 사망원인 1위인 자살문제를 사회적으로 공론화하고, 이에 대한 인식개선을 위해 교육부와 협력하여 사회관계망서비스(SNS)를 기반으로 앱, 페이스북, SMS, 카카오플러스 친구를 통해 365일 24시간 상담서비스를 운영하고 있다.

또한, 청소년들의 고민과 정신건강을 주제로 MBC라디오 '별이 빛나는 밤에' 프로그램을 진행하였고, UCC, 이모티콘, 사진 등 3개 부문에 걸친 공모전을 통해 체계적이고 다각적인 청소년 자살예방 캠페인을 전개하였다.

3. 지방자치단체의 자살예방사업 사례

우리나라의 자살예방은 1994년 '생명의 전화'에서 실시한 자살상담이 시작점이라고 할 수 있다. 이후 2017년 국정과제에 자살예방이 포함되면서, 지방자치단체별로 자살예방계획이 수립되고 급속히 진전되었다.

보건복지부와 한국생명존중희망재단이 공동으로 발간한 「2021 자살예방백서」에는 서울시를 포함한 5개 지방자치단체의 자살예방 우수사업 사례가 소개되어 있다. 각 지방자치단체별로 살펴본 사업 내용은 다음과 같다(한국생명존중희망재단, 2021b).

1) 서울특별시
① 추진사업: 시민참여 자살예방 아젠다 및 전략마련 토

론회

② 사업목적: 지역사회 내 자살예방사업에 관한 현황 평
가, 향후 실천계획 수립 등에 대해 시민이 주도적이고
자발적으로 참여하여 토론을 나눔으로써 공동의 목표
를 설정하고 효율적인 자살예방활동을 실천할 수 있도
록 한다.

③ 사업성과: 지역 특성에 맞는 안건 및 계획들이 다양하
게 도출되었고, 참여 주민의 의식 제고 및 주민 참여형
자살예방사업 수행의 실질적인 근거를 마련하였다.
그리고 시민의 제안 사항을 바탕으로 자살예방사업 아
젠다 및 전략을 마련하였다.

2) 부산광역시

① 추진사업: 부산형 약국거점 자살예방사업 생명존중약
국 시행

② 사업목적: 약사를 대상으로 생명지킴이를 양성하여 약
국거점 지역사회 자살예방안전망을 구축하고 정신건
강서비스 접근성 강화, 지역주민의 정신건강증진 및
자살예방을 목적으로 한다.

③ 사업성과: 약국거점 지역사회 자살예방안전망을 구축
하였고, 보건의료인력 생명지킴이 양성 확대로 생명지

킴이의 전문성, 대민 접근성을 확보하였다. 약국 종사
자의 자살예방 행동이 유의미하게 향상되어 근거에 기
반한 효과적인 자살예방 교육으로 평가되었다.

3) 대구광역시
① 추진사업: ICT 기반 정신건강 상담서비스 마음톡톡
② 사업목적: ICT 기반 정신건강 케어서비스를 통해 의료
서비스의 편익성 및 접근성을 향상시키며 정신건강 케
어를 필요로 하는 시민의 삶의 질(인권 보호, 편견 해
소)을 고려한 서비스를 제공하여 정신건강 서비스의
질적 수준 제고를 목적으로 한다. 그리고 고위험군을
조기에 발견 및 관리함으로써 지자체의 의료비 및 사
회경제적 비용 절감에 기여하도록 한다.
③ 사업성과: 고위험군을 조기에 발견하고, 데이터 분석
을 통해 고위험군을 정신건강복지센터에 연계하여 사
후관리 및 모니터링을 위한 방안에 긍정적인 영향을
미친 것으로 평가되었다.

4) 충청북도
① 추진사업: 경찰청 및 충북지방경찰청 기반 DB 구축
② 사업목적: 경찰청 및 충북지방경찰청 자살통계 자료를

배포하여 각 시·군 기초센터 및 유관기관의 효과적인 자살예방사업수행을 유도하며, 통계청 자료에 국한하지 않고 지역 인프라 기반 자살통계 데이터 수집 및 분석으로 근거 기반의 전략적 접근을 강화하여 충북 자살률 감소를 목적으로 한다.

③ 사업성과: 당해 연도 월별 통계를 분석할 수 있는 충북지방경찰청의 자료를 이용하여 최신의 현황에 맞는 자살예방사업을 계획하고 수행하였다. 그리고 경찰청, 충북지방경찰청, 도청, 광역센터가 공식적으로 협력하여 지역 맞춤형 협력모델을 제시하였다.

5) 충청남도

① 추진사업: 전국 최초 도 및 시·군 전 부서 자살예방 협업과제 추진사업

② 사업목적: 2017년부터 충남의 자살률이 전국에서 가장 높은 것으로 나타나 이에 대한 특단의 대책을 마련하기 위함이다.

③ 사업성과: 도 생명사랑팀을 신설하고 충남자살예방센터 등 조직을 정비하였다. 그리고 전 분야의 주요 정책에 자살예방을 연계 또는 협력을 추진하여 전방위적인 자살예방 추진이 가능하였다.

참고문헌

한국생명존중희망재단. 2021a. *2021 자살예방 사례 · 문헌집*.
한국생명존중희망재단. 2021b. *2021 자살예방백서*.

지은이 소개

이정은

한림대학교에서 생사학 박사학위를 취득했으며, 현재 한림대학교 생사학연구소 연구원으로 재직 중이다. 주요 논문으로는 「노인의 자살생각에 영향을 미치는 요인군에 대한 메타분석」(2017), 「뉴스 빅데이터를 활용한 한국의 자살현상 분석」(2021) 등이 있으며, 주요 저서로는 『자살이론의 과거, 현재, 미래』(2019), 『이야기, 우리가 살아가는 힘』(2021) 등이 있다.

유지영

University of Massachusetts Boston에서 노년학 박사학위를 취득했으며, 현재 한림대학교 고령사회연구소 HK교수로 재직 중이다. 주요 논문으로는 「정신적 웰빙이 노인의 자살위험에 미치는 영향」(2018), 「Gender-Specific Predictors of Suicidal Ideation Among Korean Older Adults: A 2-Year Prospective Study」(2020) 등이 있으며, 주요 저서로는 『노인의 자살생각 및 자살예방』(2018), 『자살이론의 과거, 현재, 미래』(2019) 등이 있다.